PHILIPP TINGLER

WIE FREI SIND WIR NOCH?

Eine Streitschrift für den Liberalismus

KEIN & ABER

Nothing is more obstinate than a fashionable consensus.

MARGARET THATCHER

INHALTSVERZEICHNIS

PROLOG

Was hat Konsum mit Freiheit zu tun?

Kennen Sie das Glück? Und zwar ein ganz spezifisches Glück, nämlich jenes der daseinsvalidierenden Befriedigung durch Konsum? Es handelt sich hier um ein Glücksgefühl, das einem früher, vor der Massenkonsumgesellschaft, die Kunst verschafft hat – jedenfalls nach Auffassung jener beiden Experten, die ich, es ist noch nicht lang her, an einem Sonntagvormittag, wach durch Jet Lag, im Schweizer Fernsehen sah (also: konsumierte), im Rahmen einer philosophischen Sonntagssendung. Es handelte sich um irgendeinen Kulturwissenschaftler, dessen Name leider in Vergessenheit geraten ist, und den Philosophen und Kunsthistoriker Wolfgang Ullrich, den ich schätze und für geistreich halte. Die Sendung widmete sich der Frage des Konsums als Lebensinhalt. Offenbar hat die durchschnittliche Person in Westeuropa heute ungefähr 10000 Gegenstände in ihrem Besitz.

Wortreich beschrieben die beiden Experten, wie der Verbrauch materieller Güter für den spätmodernen Menschen identitätsstiftend sei. Während das Individuum früher Identitätserprobung und Selbstfindung vermittels traditioneller Kulturtechniken – wie zum Beispiel der des Lesens – praktiziert hätte, geschehe dies heute durch Konsum; eine hochdifferenzierte Warenwelt impliziere dabei einen Zwang zur Festlegung, indem jeder kleine Kauf zum Akt der Persönlichkeitskonstitution geriete und Authentizität quasi nur eine Variable in diesem ewigen Spiel der Tauschwerte sei. Das irritierte, zwangsflexibilisierte moderne Subjekt werde inkludiert und exkludiert und instrumentalisiert in endlosen Transaktionen, der Schaffung von Lebenswelten und -werten durch Konsum, der Erziehung und Sozialisierung durch Konsumprodukte, die nebenbei gesagt die wirksamsten Massenmedien unserer Tage darstellten. Hier nun spätestens wurde mir die Sache ein wenig zu dogmatisch und deterministisch. Doch ich hörte weiter zu. Ich bin nämlich duldsam. Nah, nicht wirklich. Ich war jet-lagged.

Konsum mache unfrei, erklärten die Experten. Das Neue werde in der Konsumgesellschaft zum Wert an sich, die Welt und die Dogmen des Konsums breiteten sich aus in alle Sphären, bis in die Politik, die den Wähler und Bürger zum Konsumenten herabstufe, der ständig nurmehr auf den nächsten Reiz warte. Ja, ganz recht, Richard Sennett wurde zitiert, der in seinem Werk *The Culture of the New Capitalism* konstatiert, dass der arme fragmentierte flexible Mensch, der eine lineare Lebensführung und ein langfristiges, zeitstabiles Identitätsprojekt höchstens noch simulieren könne, sich in irrlichterndem, entfesseltem Konsumieren erschöpfe. Sofern er nicht gleich in die Depression flüchtet, während links und rechts von ihm traditionelle Institutionen und die protestantische Arbeitsethik den Bach runtergehen (und höchstens durch unverbindliche virtuelle soziale Netzwerke ersetzt werden). So steht es dann da, das postpostmoderne Subjekt, unfähig zur Selbstbestimmung, mit einer zersplitterten Biografie, der Konsistenz eines kontextübergreifenden

Zeitmanagements und seiner lebensgeschichtlichen Zusammenhänge beraubt. Und irgendwann frisst dann wohl die Apotheose des ständig Neuen, mit ihrem Zwang zur ungehemmten Flexibilität, zu immer wechselnden Rollen, mit ihrer beschleunigten Ideologie der Potenz – sich selbst auf. So ungefähr.

Ich bin entschieden *nicht* dieser Auffassung. Zunächst einmal teile ich nicht die Einschätzung, dass Lesen als Kulturtechnik veraltet und damit sozusagen aus der Mode wäre. Eine derartige Diagnose ignoriert einen wichtigen Aspekt – und es ist kein Wunder, dass gerade deutsche Kulturwissenschaftler diesen Gesichtspunkt übergehen, weil er in Deutschland immer noch stark tabuisiert ist: Ich meine den Aspekt der sozialen Klasse. Wenn nämlich irgendjemand nicht liest, dann sind das die bildungsfernen Schichten. Aber haben die je gelesen? Das ist das eine. Das andere, Grundsätzlichere, ist, dass ich prinzipiell nicht die Auffassung teile, dass in unseren herrlich beschleunigten Zeiten die alte, gemächlichere Kulturtechnik des Lesens verdrängt würde durch den entfesselten Konsum materieller Güter. Wenn Sie mich fragen, verhält es sich vielmehr so, dass das Buch als Gut genau jene Dynamik mitmacht, die die Experten für sämtliche anderen Güter – von Unterhosen über Joghurt bis zu Mobiltelefonen – feststellen: Es (das Buch) durchläuft eine vielfache modische Differenzierung. Das heißt: Literatur (oder das, was dieses Etikett heutzutage trägt) wird durchaus nicht ignoriert; sondern sie wird konsumiert, konsumiert wie alle anderen menschlichen Artefakte, und wenn die Modisierung alle Bereiche durchdringt, so natürlich auch die des geschriebenen Worts; wenn zunehmend sämtliche Produkte der Mode unterliegen, so auch Bücher. So wie manche Konsumenten eine sinnstiftende Alltagsästhetisierung und die Illusion eines balancierten Daseins durch den Kauf probiotischen Joghurts erfahren, so realisieren dies andere durch den Erwerb und Konsum von Büchern mit Titeln wie *Anständig essen*.

Ich bin, der Leser wird es an dieser Stelle bereits gemerkt haben, kein Feind des Konsums, sofern er mit dem Markt einhergeht, den ich von allen Ressourcenzuteilungsmechanismen für den besten halte, denn der Markt ist immer noch jene Form der Allokation von Gütern, die mit einem Mindestmaß an ideologischer Unterfütterung auskommt und dem Einzelnen die größte Freiheit lässt. Der Markt ist etwas Wunderbares. Konsum und Konsumprodukte als Rollenangebote stehen grundsätzlich allen offen, die freie Entfaltung des Individuums im Wechselspiel von Individualität und Zugehörigkeit ist eines der großartigen Angebote der Konsumgesellschaft, ein Glücksangebot ohne Fundamentalismus und Aggression. Freiheit und Konsum sind Geschwister. Ich bin auch überhaupt nicht der Meinung, dass der Konsumgesellschaft per se ein Zug zu Normierung und Rückwärtsgewandtheit eingeschrieben sei, wie das die Experten im Sonntagsfernsehen und auch nicht wenige Feuilletonisten behaupten. Konsum per se bedeutet nicht Zerstörung von Vielfalt und die Einebnung kultureller Differenzen, im Gegenteil, bei den heute im freien Teil der Welt exponentiell zunehmenden Kaufoptionen, Kreativitätsräumen und Selbstformungsmöglichkeiten wird Distinktion zum Wert an sich. Natürlich macht Konsum allein nicht glücklich, das ist eine Binsenweisheit. Aber der abgeschmackte Einwand einer endlos desavouierten linken Kulturkritik, die eine globalisierte Warenkultur zum neuen Totalitarismus erklärt, der den Menschen nötige, seine innere Leere mit der Erfüllung ständig frischer Konsumimperative zu übertünchen, sich mit Produkten oder Dienstleistungen zu identifizieren und sein Selbstwertgefühl davon abhängig zu machen, – dieser Einwand zeigt, so plakativ und dogmatisch er ist, unwillkürlich ein anderes Manko auf: Die offenbar inhärente Tragik der modernen, freien, emanzipierten Konsumgesellschaft besteht darinnen, dass sie keine oder jedenfalls wenig geistvolle Gegner hat, namentlich nicht auf dem Feld der Literaten.

Man macht also, wenn man als Schriftsteller an die Freiheit des Marktes und die Freiheit des Einzelnen glaubt, oft die Erfahrung, nicht dazuzugehören. Der britisch-amerikanische Autor Andrew Sullivan, dessen Schrift *The Conservative Soul* das vorliegende Pamphlet mitinspirierte, beschreibt diese Erfahrung der Isolation wie folgt: »the academic left, for it's part, retreated into a subculture of postmodern discourse, a subculture that, at it's worst, opposed basic notions of Western freedom: of speech, of trade, of religion«. Und weiter: »Just as the early civil rights movement degenerated into bitter black nationalism, and the left's campaign for homosexuality degenerated into a screed in favor of ›queerness‹ for its own sake, so the optimistic left degenerated into resentment and alienation from the center of American discourse.« Dies beschreibt die Situation in den Vereinigten Staaten, illustriert aber auch, hier aus Sullivans Perspektive, die grundlegende Erfahrung des Nicht- oder Nicht-mehr-Dazugehörens. Für Sullivan ist das Erlebnis des Verlusts übrigens eine Grunderfahrung in der Formung der konservativen Seele. Wobei »konservativ« hier im angelsächsischen Sinne zu verstehen ist; wir werden darauf zurückkommen.

Man kann Konsum nur glaubwürdig kritisieren, wenn man ihn ausübt. Man kann hübsche und schicke Leute dann am besten kritisieren, wenn man selbst dazugehört. Die Emanzipation des Konsumenten setzt – den Konsumenten voraus. So wie man die Schönheitsimperative unserer kategorischen Wellness-Gesellschaft nur dann wirklich glaubwürdig anprangern kann, wenn man selbst einigermaßen gut aussieht. Das ist nicht fair, aber wahr. Dass Geld nicht glücklich mache, lässt sich am plausibelsten von reichen Leuten feststellen (die das auch regelmäßig tun). Oder, mit anderen Worten: Man kann den Konsum und seine vermeintlichen neoliberalen Ideale nicht verdammen und so tun, als schwimme man neben dem Mainstream, wenn man in der Tat lediglich erfolglos und verkracht ist, wie so viele Akteure einer angeblich linken Systemkritik.

Ich für meinen Teil werde nie verstehen, wie man den Liberalismus verhöhnen und denunzieren und seinen Niedergang herbeisehnen kann, wie es gegenwärtig nicht nur in Deutschland in der öffentlichen Debatte geschieht und salonfähig ist und sich politisch unter anderem kristallisierte in dem vorübergehenden Erstarken einer politischen Bewegung, die man eigentlich, weil sie nicht kohärent und nicht programmatisch ist, eher als Sammlung bezeichnen müsste: Ich spreche von der sogenannten Piratenpartei. Benannt nach Verbrechern, die Eigentumsrechte verachten – dergestalt sind offenbar die romantischen Träume von Wildheit und Rebellion im Vorstellungsgefüge der bewegungsschwachen Internetgemeinde. Auch darauf werden wir zurückkommen in diesem kleinen Essay, der sich einer Bestandsaufnahme der politischen Kultur der Gegenwart widmet und ihren Rahmenbedingungen und der Bedrohung der Freiheit durch ihre Verächtlichmacher und Nichtversteher. Und wir wollen auch ein Licht in die Zukunft halten. Doch zunächst soll geklärt werden, was Freiheit überhaupt sei. Anschließend werden wir uns unter anderem beschäftigen mit dem Spannungsverhältnis von individueller Freiheit und Öffentlichkeit in der digitalen Gesellschaft, der Gleichzeitigkeit von technischem Fortschritt und neuer Prüderie und dem Humor-Manko des öffentlichen Diskurses besonders im deutschen Sprachraum. Die Freiheit des Westens wird zunehmend bedroht durch Fundamentalismus und Ideologisierung. Basierend auf den Unterschieden zwischen kontinentaleuropäischem und angelsächsischem Konservativismus soll abschließend die Bedeutung einer liberalen Ironie als menschliche und politische Tugend gewürdigt werden – Ironie als Kulturpraxis und natürliche Feindin des Fundamentalismus und Retterin des höchsten Guts: der Autonomie des Einzelnen in der emanzipierten Konsumgesellschaft.

Meine Damen und Herren, ich bin zwar Schweizer, doch ich stehe nicht neutral vor Ihnen. Ich stehe hier vor Ihnen mit einem Standpunkt. Diese Schrift ist nicht gegen etwas gerichtet, sondern sie tritt *für* etwas ein: den Liberalismus, die Freiheit. Die meisten der selbst ernannten Kreuzritter gegen einen vermeintlichen Neoliberalismus wissen gar nicht, was Liberalismus überhaupt bedeutet, und deshalb möchte ich das hier gern noch mal in Erinnerung rufen: Der Liberalismus ist die politische Philosophie des freien Individuums, eine Philosophie der rechtlichen Freiheit und der politischen Institutionen der Freiheitsverwirklichung. Sein Freiheitsbegriff wurde vom deutschen Rechtsphilosophen Wolfgang Kersting in einer

Würdigung von Immanuel Kants Rechts- und Staatsphilosophie wie folgt bestimmt: Die Freiheit des Liberalismus ist die doppelt negative Freiheit gleicher Individuen. Es ist einmal die Freiheit, innerhalb der Grenzen eines allgemein verträglichen äußeren Freiheitsgebrauchs sein Leben autonom zu bestimmen. Zum anderen ist die Freiheit des Liberalismus negativ, insofern sie den Eingriff des Staates in die Räume der individuellen Grundfreiheiten abweist.

Ich halte das Engagement für die Freiheit für wichtiger denn je, denn es rühren sich Macht und Einfluss gegen das Ideal des autonomen Menschen; mächtige, vielfältige Widerstände, überraschend geballt und wuchtig seit der Jahrtausendwende, dem Ende der seligen Neunzigerjahre. Deshalb müssen wir die Fahne hochhalten und dürfen uns nicht beirren lassen in unserem dauernden Einsatz für die Autonomie des Einzelnen. You turn if you want to. The lady's *not* for turning.

I. ROLLEN UND KULISSEN

§ 1 Alterslosigkeit

Die bezaubernde englische Schauspielerin Joan Collins trat kürzlich in einem Werbespot für einen Schokoladenriegel auf. Joan Collins ist heute so ungefähr 80. Das ist aber nicht wichtig, wichtig ist: Sie sieht heute noch mehr oder weniger genau so aus wie vor 25 Jahren. Und was sich hier lustig und phänomenal und auch ein bisschen furchterregend anhört, bringt mich zu einem wesentlichen Konzept der Zukunft: Amortalität. Das bedeutet nicht Unsterblichkeit, sondern dass der Mensch sein Leben theoretisch ins Unendliche verlängern kann, aber sterblich bleibt. Also ein Leitbild der scheinbaren Unsterblichkeit oder, genauer: Alterslosigkeit. Alterslosigkeit ist ein steil aufsteigendes Ideal westlicher Gesellschaften. Die Autorin Catherine Mayer beschreibt in ihrem jüngst erschienenen Buch *Amortality* das Phänomen des sogenannten »Uniface«. Damit ist ein künstlich hergestelltes Einheitsgesicht gemeint, das in der westlichen Welt für Männer wie Frauen immer mehr in Mode kommt, also von plastischen Chirurgen immer häufiger verlangt und auch produziert wird, und sich vor allem durch die *Abwesenheit* von Eigenschaften auszeichnet: wenig Nase, keine Falten, kaum Augenbrauen, keine Markanz. Das Uniface wirkt weder jung noch alt, sondern: alterslos. Solche Ideale werden natürlich auch beeinflusst durch die Woge von digitalisiert geglätteten Leitbildern im sehr wörtlichen Sinne; ein Tsunami, der uns täglich überrollt, dank der schnellen und unendlichen Möglichkeit der Modifikation und Schöpfung von Ikonen durch Bildbearbeitungsprogramme wie Photoshop.

Das alles scheint bloß ein oberflächliches Phänomen zu sein, aber als solches steht es für eine interessante kulturmorphologische Tendenz unserer Tage: Immer mehr geht es nicht nur darum, dass man für irgendeine Aufgabe, Arbeit, Position, kurz: Rolle qualifiziert ist – man muss auch qualifiziert *aussehen*: »to look the part« wird als Maxime immer wichtiger. Für das Wirtschaftsleben symptomatisiert sich diese zunehmende Besessenheit mit dem äußeren Auftritt popkulturell etwa in Reality-TV-Formaten wie *The Apprentice* – wo sich auch zeigt, wie bisweilen die Betonung der äußeren Rollenassoziationen wie Anzug und Aussehen so viel Energie absorbiert, dass für Substanz nichts übrig bleibt. Der Schein und die Konformität aber sind Feinde der Freiheit.

Nun wirken schlecht operierte Gesichter (und das sind die, die einem auffallen) ja immer ein wenig abstoßend (obschon wir alle abstumpfen). Bei Geschäftsmännern stört so was aber besonders, und zwar erstens, weil es – eben Männer sind. Und zweitens, weil man die Geschäftswelt klassischerweise mit dem Streben nach Gewinn, nicht mit dem Streben nach Attraktivität assoziiert. »Politics is showbiz for ugly people«, hat neulich wieder ein britischer Komiker festgestellt (ich glaube, es war Jimmy Carr), und das Gleiche ließe sich über Big Business und Haute Finance sagen: Mark Zuckerberg sieht genauso na-ja-dankeschön aus wie Anshuman Jain oder

Ivan Glasenberg. Und irgendwie schien das ja auch alles so zusammenzupassen: Irgendwie assoziiert man – oder assoziierte man bis jetzt – ein natürlich alterndes Gesicht und eine Frisur wie Walter Cronkite mit Seriosität, und das wollen wir im Geschäftsleben, ob in Silicon Valley oder der Großraumnische bei Goldman Sachs. Egal ob mit Derivaten oder Klobürsten gehandelt wird. Am anderen Ende der Skala steht beispielsweise Joan Rivers. Joan Rivers ist Hollywoods älteste lebende Komikerin. Viele Originalteile von ihr sind im Laufe der letzten Dekaden in den Abfallsäcken plastischer Chirurgen gelandet. Joan Rivers ist aber auch Geschäftsfrau und Gewinnerin von *Celebrity Apprentice*. Sind wir also auf dem Weg in die postmortale Gesellschaft? Oder sind wir dank der Amortalität der Zweiten Moderne, dem modischen Einsatz von Wachstumshormonen und der Dekonstruktion des Todes durch Joan Rivers schon längst dort angekommen?

§2 **Albernheit**

Fest steht zweierlei. Wir müssen uns erstens mit dem Gedanken anfreunden, dass es in 25 Jahren vermutlich nicht mehr üblich sein wird, das Gesicht eines Menschen überhaupt als Indikator für sein Alter heranzuziehen, wie wir dies heute immer noch gewohnheitsmäßig tun. Und zweitens, dass das Verhaltensleitbild »Auftritt statt Substanz« als leitender Kodex in sämtliche Bereiche der Gesellschaft vordringen könnte. Dies jedenfalls scheint beispielsweise die Ansicht von Thomas Rietzschel zu sein, einstmals Kulturkorrespondent der *Frankfurter All-*

gemeinen Zeitung und Autor des Buches *Die Stunde der Dilettanten*. Und auch wenn es per se ironisch sein mag, dass ein Journalist über Dilettantismus schreibt, so ist doch eine zentrale These von Rietzschel ganz interessant. Sie lautet: Die politische Führungsriege Europas – womit Herr Rietzschel, wie die meisten Deutschen, ganz offensichtlich Kontinentaleuropa meint – besteht zu einem Großteil aus Dilettanten.

Mit der Einrichtung der bürgerlichen Gesellschaft, so Rietzschel, mit ihrer bisweilen krisenüberschatteten, aber doch stetigen materiellen und konstitutionellen Festigung, habe sich das Interesse an zukunftsgestaltender, systematischer Politik zunehmend verloren. Während zugleich Strukturen entstanden, die es dem Einzelnen erlauben, sich mit eigennütziger Absicht für die Existenz des Politikers zu entscheiden. So wurde in der Sphäre des Politischen ein Typus herangezüchtet, den Rietzschel als »politische Knallcharge« bezeichnet, ein Typus, der vor allem Entertainer- und Selbstdarstellungsqualitäten statt Substanz und Kompetenz mitbringt, ein Nichts- oder Halbkönner mit dem Talent zum blendenden Auftritt. Silvio Berlusconi, Jörg Haider, Christian Wulff oder Vladimir Putin: Sie alle könnte man, folgt man dem Ansatz von Rietzschel, als Darsteller, nicht als Verfechter von Ideen bezeichnen. Wichtige Mittel dieser Täuschungskünstler sind Erzählungen und die Deutungsmacht für Zeichen. Ideen, so Rietzschel, würden von solchen Polit-Darstellern nur mehr eingesetzt wie die Versatzstücke einer Theaterdekoration: als Staffage und Kostüm, mit dem die Dilettanten nicht zuletzt sich selbst zum Narren hielten.

Von dieser Diagnose eines mutmaßlich allenthalben grassierenden Dilettantismus und seiner dissoziativen sozialen Symptome wie Oberflächlichkeit und Orientierungslosigkeit ist es nur ein kleiner Schritt zur Analyse der amerikanischen Autorin Susan Cain. Die vertritt in ihrem kürzlich erschienenen (und auch schon auf Deutsch vorliegenden) Buch *Quiet: The Power of Introverts in a World that Can't Stop Talking* die These, dass die westliche Wettbewerbsgesellschaft, die auf dem griechisch-römischen Ideal des eloquenten Menschen beruhe, eine kulturelle Verzerrung in Richtung extrovertierter Persönlichkeiten in sich trage. Diese kulturelle Dominanz, die Cain »The Extrovert Ideal« nennt, also die allgegenwärtige Vorstellung, das ideale Selbst sei forsch, kontaktfreudig und tatendurstig, ist laut Cain das Fundament unseres Bildungssystems, unserer Geschäftskultur – und nicht zuletzt auch der medialen Besessenheit mit dem Konzept von »Celebrity«. Cain sieht hier eine kulturelle Überbetonung von »Persönlichkeit« anstelle von »Charakter« am Werk, die zur Folge hat, dass wir auf die Schätze der Introvertierten verzichten, jener leisen, sorgfältigen, kontemplativen Denker unter uns, die weniger äußere Stimulanzien für ihr Wohlbefinden brauchen, sondern eine innere Welt. Große Kulturleistungen wären von introvertierten Menschen erbracht worden, schreibt indes Frau Cain, die betont, dass zwischen Eloquenz und Intelligenz oder Kreativität keine Korrelation bestünde. Ohne stille Geduld, Forscherdrang, Konzentration und Empathie der Introvertierten könnten wir uns weder an van Goghs *Sonnenblumen* erfreuen noch an Einsteins Relativitätstheorie. Noch hätten wir die Digitale Revolution erlebt oder Harry Potter. Und sogar auf dem Gebiet von Hochfinanz, Politik und Aktivismus seien Meilensteine von Introvertierten gesetzt worden; Frau Cain nennt unter anderem Al Gore,

Warren Buffett, Eleanor Roosevelt und Gandhi, die das, was sie erreicht hätten, nicht trotz, sondern gerade wegen ihrer Introvertiertheit zustande brachten. Ohh, wie wunderbar. Und, ughm, Moment mal ... kein Harry Potter? Das klingt doch gar nicht so schlecht! Vielleicht ist ja das Problem, dass Susan Cain, bekennende Introvertierte, in ihrer Analyse manchmal genau jener narzisstischen Selbstbesessenheit anheimfällt, die sie den Extrovertierten attestiert. Und ein weiteres Problem in diesem Schwarz-Weiß-Weltbild dürfte darinnen liegen, dass nicht wenige Menschen das sind, was man »ambivertiert« nennt. Noch nie gehört? Wahrscheinlich, weil es einfach die Normalität beschreibt: Ein ambivertierter Mensch ist gerne mal vor der Tür und fühlt sich wohl in Gesellschaft, vermag aber genauso seine Zeit mit sich selbst und seinen Gedanken zu genießen. Das ist das eine. Und darüber hinaus möchte ich anmerken: Auch stille Wasser können flach sein. Oder trübe.

Freilich, auch diesen Hinweis will ich anbringen, freilich findet sich die oberflächliche Befassung mit Äußerlichkeiten ebenfalls im scheinbar entgegengesetzten Lager, in jenem Lager, das sich selbst als »Protest« und »Opposition« versteht. Attac- oder Occupy-Demonstranten und sogenannte Wutbürger benehmen sich nicht weniger operettenhaft, wenn sie beispielsweise vor dem Schloss Bellevue in Berlin gegenüber einem ungeliebten Präsidenten eine Geste aus dem arabischen Verachtungsrepertoire nachahmen und ihre – zumeist natürlich fürchterlich aussehenden – Schuhe in die Luft recken. Oder wenn sie sich hinter einer Maske verstecken, einer Larve mit Musketierbart, die Guy Fawkes vorstellen soll, einen mittelalterlichen katholischen Terroristen, der am 5. November 1605 das britische Parlament in die Luft sprengen wollte. Was offenbar genügt, um ihn zu einem Rollenvorbild für all jene zu machen, die sich irgendwie für antiautoritär und rebellisch halten – so wie das gesichtslose Hacker-Kollektiv namens Anonymous, zum Beispiel. Offenbar gehören also ein relativ enger Kosmos stilistischer Versatzstücke und feste Ansprüche an Aussehen und Habitus auch zur narrativen Struktur eines sich selbst als »Gegenkultur« vermarktenden und in Szene setzenden Milieus. Mittlerweile kann die sogenannte Internet-Gemeinde, die wohl nicht zum kleinsten Teil aus ungefestigten, sozialphobischen Asperger-Mittzwanzigern besteht, die sich »Xxtron« oder »Gamer« nennen und für die Anonymität ein Programm ersetzt, ihre Fawkes-Masken längst bei Amazon oder im Elektronik-Großhandel erwerben und dann derart larviert auf den Straßen und Plätzen vor den Banken ihre Iglu-Zelte aufbauen, gegen Politik und Kapital und Hochfinanz – und in der Regel ohne eigenen Plan und Gegenvorschlag. Das nennt man dann Schwarmintelligenz. Oder, zutreffender: »gut gemeint und schlecht durchdacht«. So charakterisierte James Tobin, Erdenker der sogenannten Tobin-Steuer, die Positionen von Attac und anderen Globalisierungskritikern.

Interessanterweise zielte Thomas Rietzschel in seiner Verurteilung des Dilettantismus nicht auf die im deutschsprachigen Raum relativ junge Erscheinung der sogenannten Piratenpartei – vermutlich weil deren Exponenten ihr Halbwissen gar nicht verschleiern, sondern mehr oder weniger kokett andauernd zu Protokoll geben. Was offenbar reicht oder reichte, damit zahlreiche Beobachter in Deutschland hier eine »sympathische Unprofessionalität« und ein »postideologisches Profil« am Werke sahen und darob begeistert waren. Nur wenige dachten weniger romantisch und erkannten: Die Piraten machen das Verfahren – ein konfuses basisdemokratisches Transparenzideal – versuchsweise zum Programm. Und den Schwarm zum Souverän. Der Schwarm ist aber nicht souverän. In der Regel ist der Schwarm ziemlich blöd. Schwarmintelligenz ist eine Organisationsform niederer Lebewesen, beim Menschen kommen im Schwarm nicht selten die unschönsten Eigenschaften raus, womit gerade die Deutschen Erfahrungen haben. Insofern ist die Piratenpartei ein bildreiches Beispiel für die Grenzen der dichotomen Betrachtungsweise von Susan Cain: Wenn jemand nicht handlungsorientiert ist, heißt dies nämlich *nicht* automatisch im Umkehrschluss, dass er damit tiefgründig, kontemplativ und intellektuell wäre; er kann einfach nur phlegmatisch, gehemmt und naiv sein. Das hielt die deutsche Piratenpartei in dümmlicher Anmaßung nicht davon ab, sich selbst schon als »stärkste liberale Partei Deutschlands« zu bezeichnen, obschon die Piraten natürlich in ihren wenigen programmatischen Ansätzen einerseits paternalistisch-wohlfahrtsstaatlich orientiert sind bis zum Gehtnichtmehr, und andererseits mit der angestrebten Abschaffung des geistigen Eigentums vollkommen freiheitsfeindlich daherkommen. Die Piratenpartei hat mit Bürgerrechten nichts zu tun, sie verfolgt im Gegenteil die Vergesellschaftung geistigen Eigentums aus reinen Konsuminteressen. Daraus spricht eine tiefe Geringschätzung der Freiheit, auch wenn sie unbeholfen daherkommt.

Paradoxerweise spiegelt der wohl eher vorübergehende Erfolg der Piratenpartei genau jenen Mechanismus wider, den wir schon im Zusammenhang mit dem Phänomen des Dilettantismus identifiziert haben: Auch wenn einzelne Exponenten der Partei auf Versammlungen von ihren Kollegen ausgepfiffen werden, weil sie ihnen zu berühmt geworden sind (und dann sofort Burnout kriegen), so gilt doch für das Phänomen der Piraten als Ganzes, dass es geradezu das Paradigma der Celebrity-Gesellschaft auf die politische Sphäre transponiert: Erfolg definiert sich über den erlangten Grad an Popularität und nicht mehr über klassische Kriterien wie zum Beispiel inhaltliche Kompetenz oder bisherige programmatische oder politische Leistungen. Kurz: Es geht immer weniger darum, etwas zu tun, und immer mehr darum, jemand zu sein. Wenigstens scheinbar. Und dazu kommt hier ein weiteres Paradox: Es geht immer mehr darum, scheinbar jemand zu sein – und gleichzeitig wird Anonymität zur Norm bestimmter Subkulturen. Die sogenannte Streitkultur im World Wide Web steht unter dem Zeichen einer weitestgehenden Gleichsetzung von »Anonymität« und »Netzidentität«, und sein Gesicht hinter einer Guy-Fawkes-Larve zu verstecken ist symptomatisch geworden für eine Zeit, in der man sich zwar dauernd empört gibt, aber bitte nicht dafür einstehen will. So wirkt der weltverbessernde Anspruch hier vor allem anmaßend und: albern. »Albernheit« ist überhaupt ein weiteres Stichwort zur Richtungsdiagnose der Gegenwart: Der amerikanische Kulturwissenschaftler Lee Siegel diagnostizierte in seinem 2011 erschienenen Buch *Are You Serious?* geradezu eine uns allenthalben umgebende, medial forcierte Kultur der Albernheit, wobei Siegel unter Albernheit keinesfalls das Gegenteil von Ernsthaftigkeit versteht, sondern: die *Darstellung* von Ernsthaftigkeit, also ihre bloße Vorführung. Auch dies nimmt quasi das Motiv der Dilettantismusdebatte wieder auf. Albernheit in diesem Sinne ist die aufgesetzte Seriosität von öffentlichen Figuren und medialen Pseudo-Realitäten, von Predigern und Meinungsmachern, von Glücksforschern und Populärphilosophen, von Talentlosigkeiten, die als Schriftsteller durchgehen, oder von selbst ernannten Medienwächtern, die in der Tat provinzielle und missgünstige Untertanenseelen mit Ego-Defiziten sind.

§3 **Unsicherheit**

So weit der kulturelle Hintergrund. Wir kommen zur Ökonomie. Wir leben in einer Zeit der wahrgenommenen Krise, einer Krisenkette, eigentlich: den Auftakt machte die Wirtschafts- und Finanzkrise, die mit dem Kollaps der Lehman-Brüder im September 2008 ihren sichtbaren Anfang nahm und von der heute schon niemand mehr redet, obgleich sie immer noch existiert – jedenfalls in ihren Auswirkungen und Ausläufern, zu deren hässlichen Stiefschwestern auch die Schulden- und die Eurokrise gehören, mit denen wir uns gegenwärtig herumschlagen. Worin besteht die Symptomatik dieser gefühlten Dauerkrise? Nicht in dem, was Sie täglich hören, meine Damen und Herren, nicht in der scheinbaren Wildheit der Märkte und ihrer Indizes, in der Kreditklemme zwischen den Banken und den drohenden Staatsbankrotten und den hysterischen Ausschlägen in den Rohstoffpreisen. Das ist nur die sekundäre Symptomatik. Auf einer Meta-Ebene besteht die Symptomatik der Krise in fundamentaler Unsicherheit, um einen Begriff des Schweizer Wirtschaftshistorikers Hansjörg Siegenthaler zu verwenden, dessen

Werk die Zusammenhänge zwischen wirtschaftlicher Entwicklung und sozio-kulturellem Wandel beleuchtet. Fundamentale Unsicherheit heißt: Der Zugriff auf jede Menge Daten verhilft uns nicht zu größerer Gewissheit; er bestätigt uns nur im Gefühl der Komplexität und Unberechenbarkeit der Welt. Risiken kann man beziffern, Unsicherheit nicht. Regelvertrauen und Institutionenglaube sind erschüttert, die Erwartungsbildung ist gestört, und der Mensch, die Durchschnitts-seele, das orientierungsbedürftige Hascherl, reagiert makroökonomisch wahlweise mit Stimulierungs- oder Sparpaketen (neuerdings »nachhaltige Finanzpolitik« genannt) und mikroökonomisch mit einer Änderungen seines Benehmens. Die gefühlte Krise wandelt die Manieren; man könnte von »Krisensitten« sprechen. Zum Beispiel gibt es ganz neue Tabuthemen: Früher redete man in Gesellschaft nicht über Sex und Politik, heute verschweigt man, dass man ein Hedgefonds-Manager ist (oder, noch schlimmer: *war*). Dafür wird der gehobene Small Talk neuerdings beherrscht von dem Drang, sich als Opfer der Krisenkette darzustellen. Auf diese Weise entsteht eine ganz neue soziale Kategorie, nämlich die der »New Faux Poor« (NFP): Die gleichen Leute, deren Statussymbol vormals die AmEx Centurion war, protzen heute mit ihrer Migros-Cumulus-Rabattkarte. Es geht darum, möglichst große, demonstrative Zugeständnisse an die Krise zu machen. Es geht darum, Opfer zu sein. Man ist dann auf der Seite der Guten, irgendwie. Denn wer Opfer ist, kann nicht Täter sein. Oder, in den Worten von Oscar Wilde: »It's not whether you win or lose. It's how you place the blame.« Und so kommt es, dass Menschen, die früher bei Highballs und Cohibas gerne die beruhigende Farbwahl im Inneren des Hermès

Eurocopter priesen, jetzt völlig ohne Cohibas ausführlich die Frage zu erörtern pflegen, wie sie am besten aus ihrem Weinkeller ein Home Office machen könnten.

Hat dieser Krisenkontext auch unser Verständnis von Freiheit verändert? Jedenfalls ist festzustellen: Immer mehr Menschen gerieren sich – nicht nur in der veröffentlichten Debatte – risikoscheu und entsagungsvoll. Und damit meine ich nicht nur den Verzicht auf den Neubau eines zweiten Kühlraums für die Balenciaga-Pelze, nein, ich meine den Verzicht auf sämtliche Konsumakte, die Spaß machen: vom Iced Triple Venti Latte von Starbucks bis zu den Weihnachtsferien auf St. Barts. Was der berühmte amerikanische Sozialwissenschaftler Thorstein Veblen vor rund hundert Jahren im Rahmen seiner »Theorie der feinen Leute« den »Geltungskonsum« nannte, also auffälliger, auf öffentliche Wirksamkeit zielender Güterverbrauch, ist heute zur »Geltungskonsumaversion« geworden; an die Stelle des demonstrativen Verbrauchs, der den anderen zeigen soll, was man sich alles leisten kann, ist der demonstrative Verzicht getreten, die öffentliche Enthaltsamkeit, die edle Stärke der Entsagung, die den anderen zeigen soll, was man sich alles verkneift. Und im Zusammenspiel mit dem Ideal der Politischen Korrektheit entstehen so ganz neue Pathologien der Konsumgesellschaft, die neuen Statussymbole einer neuen nachhaltigen Mittelklasse als Manifestationen eines vermeintlich nachhaltigen Konsums: der Toyota Prius, zum Beispiel. Und andere Sachen, die man in dem Buch *Stuff White People Like* von Christian Lander findet.

Die ostentative Übung im Verzicht ist in der Tat ein Wohlstandsphänomen und eine Modeerscheinung und natürlich nichts weiter als eine Variante der statushebenden Bedeutungskonstruktion durch Produkte. Was gestern »New Money« war, scheint heute zu »No Money« geworden, zu »Nouveau Pauvre«, wie Brooke Astor es einst ausgedrückt hat, woran man sehen mag, dass die Haltung der Konsumentsagung keine neue ist, sondern in regelmäßigen Zyklen in Mode kommt. Natürlich gibt es tatsächlich eine Anzahl Leute, die infolge der krisenhaften Zustände früher Großaktionär bei eBay waren und heute ebendort diskret ihre signierten Picasso-Drucke verkaufen müssen. In den allermeisten Fällen jedoch geht es nicht primär darum, dass man sich wirklich keine Weihnachtsferien auf St. Barts mehr leisten könnte – sondern darum, dass man findet, dass sich eine derartige Ausgabe augenblicklich nicht ziemt. Denn es ist ja nicht so, dass wir alle plötzlich bitterarm wären. Deshalb ist es auch lächerlich, die gegenwärtige Krise in einem Atemzug mit der großen Depression der Dreißigerjahre und ihrem Massenelend zu nennen. Bei der gegenwärtigen Krise handelte es sich vordergründig um schlichtes Marktversagen. Man spricht von Marktversagen, wenn die Preise aufgrund struktureller Gegebenheiten nicht alle Informationen und Kosten widerspiegeln. Dann müssen diese internalisiert werden. Dies ist Aufgabe der Politik, denn der Markt funktioniert stets in dem ihm gesetzten Rahmen. Wir haben es also eher mit Politikversagen zu tun. Doch das klingt nicht spektakulär genug. Wir leben in einer Gesellschaft, die nach Pathologisierungen, Hysterie und Katastrophen süchtig ist, und jetzt eben auch noch wild nach Kasteiung und Katharsis, weshalb also immer mehr Leute ihre Erleuchtung in einer Art pseudo-religiösem Konsumfasten zu finden erklären.

Aber so ganz sicher ist man sich darüber auch wieder nicht. Und Sicherheit will man unbedingt, unbedingt. Gerade weil fundamentale Unsicherheit herrscht, ist unsere Zeit besessen von Sicherheit. Alles soll sicher sein: Flughäfen, Kinderspielzeug, Tiefkühlmenüs, Finanzanlagen, die neue Börsenmoral – und auch das sonstige Benehmen. Die krisenhafte Irritation über Auftritt und Umgangsform äußert sich alltagskulturell in einer exponentiellen Wucherung vermeintlicher Expertenangebote zum richtigen Benehmen: Stilblogs, After-Work-Seminare für Manager-Manieren (möglicherweise ein Widerspruch in sich) und Benimmratgeber jedweden Ursprungs und Formats bedienen dieses kollektive Bedürfnis nach Orientierung. Das Ideal und Ziel dieser Angebote lautet: sicheres Benehmen, gerade in der Krise. Dahinter wiederum steht die Auffassung von Manieren als Mittel zum Zweck, zum Zwecke der Karriereförderung und -sicherung, des sozialen Aufstiegs, der gesellschaftlichen Geltung. Wirklich gutes Benehmen jedoch ist, wie jede Tugend, zweckfrei – jedenfalls quasi im kantischen Sinne, also mit Blick auf Zwecke, welche die eigene Person betreffen. »Sicherheit« gewinnt man hier, gerade angesichts des krisenhaften Verlustes äußerer Verbindlichkeiten, nicht durch das sklavische Befolgen irgendwelcher Regeln. Es geht bei der guten Umgangsform immer mehr um gebildete Intuition als um Regelwissen und -anwendung, deshalb gibt es streng genommen auch kein »richtiges« und »falsches« Benehmen, sondern nur gutes und schlechtes. Sowie mittelgutes, was, wie jede mittlere Kategorie, am langweiligsten ist.

Freiheit und Sicherheit scheinen ein uraltes Gegensatzpaar zu sein, und wenn man Sicherheit der Umgangsform als Beherrschung von möglichst viel Regelwissen versteht, dann machen Manieren tatsächlich unfrei. Für das versierte Auftreten gerade vor krisenhafter Kulisse aber sollte eben »Sicherheit« des Benehmens nicht auf irgendeinen garantierten Erfolg abzielen, sondern auf: Sicherheit seiner selbst, also Souveränität und Authentizität der Person. Und hier nun tritt neben die Literatur als Modeerscheinung eine verwandte Disziplin: Philosophie als Modeerscheinung. Das Etikett »Philosophie« ist populär, in Mode, und vielleicht hängt dieses Phänomen mit dem zusammen, was der Philosoph Peter Sloterdijk einmal im *Blauen Reiter*, einer Philosophiezeitschrift auf dem grafischen Niveau einer Schülerzeitung, die »Entfremdung zwischen den populärkulturellen und hochkulturellen Bereichen« genannt hat, womit er insofern Recht hat, als dass in Deutschland einerseits niveauresistente Realschulabsolventen mit Zeugen-Jehovas-Erziehung als Entertainer gefeiert werden und andererseits irgendwo auf dem Petersberg Wissenschaftler in Polyesteranzügen über die ethischen Implikation der Urknall-Simulation debattieren. Es geht bei der Philosophie als Mode nicht um praktische Philosophie im Sinne von Kants kategorischem Imperativ; es geht auch nicht um Adornos Dialektik oder die von Edmund Husserl entwickelte Phänomenologie, nach der die Welt vom Bewusstsein abhängt und umgekehrt. Es geht gleichfalls nicht um klassische Grundbegriffe der Philosophie wie Wahrheit, Schönheit oder Gerechtigkeit, nein, es geht um – Beratung. Moderation. Lebenshilfe. Der Mensch ist seit jeher ein ungesichertes, orientierungsbedürftiges Wesen, und der arme moderne flexible Mensch ist dies noch viel mehr, kategorisch dazu angeleitet, jede auch noch so intime Handlung am aktuellen Standard einer total informierten Lifestyle-Öffentlichkeit zu messen, und jetzt, wo der Finanzmarkt scheinbar zusammengebrochen ist wie ein geköpfter Koloss, steht eben Sicherheit wieder hoch im Kurs. Man will Verbindlichkeit, und nachdem jede Art von Gott und jede Art von Umgangsform gänzlich unverbindlich wurde, muss eine Art Philosophie 2.0 die epidemische Sicherheitshysterie der total informierten Spektakel-Gesellschaft bedienen. Neuerdings soll Philosophie alles möglich machen, die Grenzen zur Therapie werden fließend, »Glück« und »Lebenskunst« und »Selbstbefreundung« werden als Trainingskonzepte von irgendwelchen gescheitelten Siegelringträgern zurechtgeschnipselt für das endlose Projekt der Selbstfindung und Selbstrekonstruktion des postpostmodernen Wellness-Subjekts, das vergisst, dass nur Amöben sich selbst erschaffen.

Geht es also der sogenannten Gegenwartsphilosophie nur noch darum, die Individuen in ihr Optimum zu bringen? Dann wäre Philosophie bloß noch eine Gestalt des Zeitgeistes, das, was in früheren Dekaden Tiefenpsychologie und Esoterik waren. Einer derartigen Philosophie wäre es immerhin im Hegelschen Sinne perfekt gelungen, ihre Zeit auf den Begriff zu bringen. Allerdings wäre sie natürlich total runtergekommen. Und ihr Verhältnis zur Freiheit? Dies würde sich vor allem auf eine Sphäre verengen: Konsum. Aber nicht im Sinne der Konsumfreiheit. Im Gegenteil.

§4 **Konsumverzicht**

Die Welt der Sachen hat sich gewandelt und wandelt sich. Einerseits werden immer mehr Phänomene verdinglicht. Zum Beispiel, wie beschrieben, der eigene Körper. Oder das reine Gewissen, früher Ergebnis einer moralischen Handlung, heute die käufliche Folge des sogenannten nachhaltigen Konsums. Andererseits werden die Dinge zunehmend anthropomorph: Nicht nur ist der spätmoderne Mensch umgeben von Artefakten, die aufgeladen sind mit Identifikation und Personalisierung – sondern ebendieselben Artefakte mit ihren neuartigen Dingbeziehungen mischen sich immer mehr ein in die Gestaltung zwischenmenschlicher Beziehungen: Dinge initiieren, pflegen und beenden soziale Bindungen. Jede neue Errungenschaft der Technologie scheint das Leben besser und leichter zu machen und uns doch zugleich von ihm, dem wahren Leben, zu entfremden, indem sie uns immer weiter in ein Netz aus neuen Ansprüchen, Bedürfnissen und Zwängen verstrickt. Diese Ambivalenz ist, wie die meisten Ambivalenzen, nicht leicht auszuhalten. Viele Menschen versuchen es, indem sie an der offensichtlichsten Variablen des Systems ansetzen: dem Konsum. Vor allem indem sie ihren Konsum im Sinne eines Geltungssignals gezielt einschränken, zuschneiden, gerne in Richtung der oben erwähnten vermeintlichen Nachhaltigkeit: nur noch Bio oder Fair Trade oder Hybridfahrzeuge oder *Guerilla Gardening*, die biederste Form von Guerilla.

Der ostentative Konsumverzicht, der so trefflich die drängenden Verzichts- und Weltrettungsbedürfnisse einer übersatten Gesellschaft zu bedienen scheint, ist allerdings nicht nur langweilig, er ist auch unökonomisch. Und das heißt: unvernünftig. Genuss hat, wirtschaftswissenschaftlich gesprochen, immer mit einer hohen Gegenwartspräferenz zu tun. Etwas weniger wissenschaftlich ausgedrückt heißt das: Genuss bedeutet, im Heute zu leben. Und bereits vor der nicht enden wollenden Krise waren wir umgeben von den Flüsterstimmen einer ökonomistischen Pseudo-Rationalität, die uns ständig einbläute, Vorsorge zu treffen und nicht so sehr ans Heute, sondern vielmehr an Morgen zu denken, und wohin das führte, sehen wir jetzt. Ich will hier überhaupt kein Plädoyer gegen Vorausschau und Vorsorge halten, nein, ich doch nicht, ich will nur bescheiden darauf hinweisen, dass Vorsorge ihrem Wesen nach, solange sie nicht völlig konservativ, also per Sparschwein abläuft, immer mit einem gewissen Risiko verbunden ist. (Und selbst das Sparschwein birgt natürlich immer noch das Risiko der Inflation.) Denn es gibt keine Rendite ohne Risiko, das ist eine Binsenweisheit, und wer was anderes verspricht, sagt die Unwahrheit. Nun aber stehen wir vor der Situation, dass die Vorsorge, also der materielle Konsumverzicht von Millionen von Menschen und die investive Umlenkung dieser Mittel in Wertpapiere, durch Spekulation drastisch entwertet worden ist, und unabhängig davon, dass zu überlegen ist, wie den Betroffenen geholfen werden kann, muss konstatiert werden: Die entsprechenden Werte wären zu einem viel größeren Teil heute noch vorhanden, wenn sie stattdessen konsumtiv entstanden wären, also beispielsweise durch die Anschaffung von Autos oder Pelzmänteln oder Juwelen.

Denn dass Konsum bedeutet, im Heute zu leben, heißt wiederum nicht, dass Konsum per se unproduktiv sein muss, wie jeder sofort realisiert, der sich vor Augen hält, welche Werte ein Konsumverzicht vernichten kann: nicht nur materielle wie Arbeitsplätze und Produktionsfaktoren, sondern auch immaterielle wie Spaß, Lebensfreude, Selbstinszenierung. Man kann auch dies wieder ein wenig akademischer ausdrücken: Wer kategorisch auf Dinge verzichtet, die seine Lebensqualität in der Gegenwart erhöhen, verfährt unökonomisch, also unvernünftig, denn er (oder sie) sieht in diesem Fall regelmäßig nur die gesparten absoluten Kosten des Konsums (und höchstens noch den vermeintlichen moralischen Gewinn aus der Entsagung) – und stellt die Opportunitätskosten nicht in Rechnung. Die Opportunitätskosten des Konsumverzichts bestehen im entgangenen Nutzen des nicht realisierten Konsums, also zum Beispiel dadurch, dass man jetzt keinen Hazelnut Mocha in der Hand oder keinen Kühlraum für seine Pelzmäntel zur Verfügung hat. Dies kann einerseits zu handfesten konkreten Folgekosten führen (indem man beispielsweise die Pelze nun extern einlagern lassen muss) sowie allgemein zu einer Reduktion an Freude und Zufriedenheit – auch dadurch, dass man andere nicht mehr mit seinem Geltungskonsum beeindrucken kann und sich jetzt irgendwie anderweitig eine Identität konstruieren muss, zum Beispiel durch esoterischen Schnickschnack. Die Menschen, die sich für Konsumverzicht entscheiden, berücksichtigen bei dieser Entscheidung also oft nur die absoluten Kosten und nicht die Opportunitätskosten, das heißt: Sie bewerten de facto ihren entgangenen Spaß und ihre verminderte Lebensqualität mit Null. Und nun frage ich Sie: Möchten Sie neben so einer Person beim Abendessen platziert werden? Gewiss nicht. Denn wie kann jemand, der ein unterentwickeltes Gespür für Freude und Genuss hat, ein amüsanter Tischnachbar sein? Sparsamkeit ist jedenfalls nicht Small-Talk-tauglich. Ich weiß nicht, wie es Ihnen geht, aber wenn mir jemand länger als dreißig Sekunden von seinen Verzichtsübungen erzählt, bei denen angeblich die selbstkritische Hinterfragung von Alltagsroutinen und materiellen Zwängen im Vordergrund stehen soll – fällt mir regelmäßig der Kopf nach hinten, weil ich mit offenem Mund eingeschlafen bin. Ja, das klingt furchtbar oberflächlich, aber es ist irre langweilig in einer Gesellschaft, die das Geldausgeben eingestellt hat.

Hier findet die Wiederbelebung eines alten Reflexes statt, nämlich des Reflexes der romantischen Abwehr der Industrie- und Konsumgesellschaft – und dazu kommt, dass die Ideologie des Konsumverzichts auf weitverbreitete Pathologien im Umgang mit Geld trifft, besonders in Deutschland. Und zwar insofern, als dort die Debatte über Konsum vor dem Hintergrund einer wahrgenommenen Krise auf fatale Weise zwei Phänomene miteinander vermischt, die man manchmal als typisch deutsch bezeichnet, nämlich 1.) das Verständnis von Geiz als Tugend und 2.) eine Neigung, Konsumfragen immer gleich moralisch aufzuladen und eine pseudo-ethische und jedenfalls dogmatische Diskussion darüber zu eröffnen, welches die richtigen Güter seien. Und da gibt es dann, wie meistens in Deutschland, nur gut oder böse und dazwischen nichts.

Geiz ist nicht nur, wie gerade neulich Karl Lagerfeld, meine Lieblingsquelle, wieder festgestellt hat, eine der unschönsten Charaktereigenschaften, aus der sich alle möglichen anderen hässlichen Züge ableiten lassen. Sondern Geiz ist auch: unökonomisch. Nehmen wir das daueraktuelle Beispiel der Diskussion um hohe und schwankende Energie- und Benzinpreise. Diese Diskussion zeigt nämlich paradigmatisch, wie dröge und unangenehm (und in ihrem Verhalten unökonomisch) verbissen sparsame Menschen sind, die regelmäßig nur den absoluten Betrag in Euro (beziehungsweise: meist Cent) sehen und ihre eigene Zeit und Lebensqualität mit Null bewerten (Letzteres dann wohl zu Recht). So ein bisschen wie meine selige Großtante Else, die früher, wenn man sie anrief, zur Begrüßung ins Telefon schrie: »Leg auf, das wird zu teuer!«

Wenn ich »verbissen sparsam« sage, meine ich nicht Menschen, die kein Brot haben und sehen müssen, wo sie ihre nächste Mahlzeit herkriegen, sondern jene in unseren Breitengraden weitaus zahlreicheren Zeitgenossen, die, ohne mit der Wimper zu zucken, fünf Kilometer extra zu einer ganz bestimmten Tankstelle fahren (und dabei jede Menge CO_2 ausstoßen), um einen Cent pro Liter Benzin zu sparen, auch wenn sie dort zwanzig Minuten warten müssen. Dass derart knickriges Verhalten sogar dann unökonomisch wäre, wenn der Liter Benzin an besagter Tankstelle fünf oder zehn Cent weniger kosten würde, leuchtet nur jenen Leuten nicht ein, die (wie dies pathologische Knickstiebel regelmäßig tun) ihre eigene Zeit systematisch unterbewerten, oder, wirtschaftswissenschaftlich gesprochen, ihre Opportunitätskosten nicht in Rechnung stellen. Wenn man nämlich dreißig Minuten extra unterwegs ist und dafür netto zwei Euro fünfzig spart, veranschlagt man die eigene Zeit ungefähr mit einem Stundenansatz von fünf Euro, und man muss nicht Linda Evangelista sein, um das zu wenig zu finden. Allgemein gesprochen: Die ökonomische Rationalität selbst lehrt, dass Sparsamkeit nur in gewissen Grenzen vernünftig ist – sobald die Transaktionskosten überhand nehmen, sollte man damit aufhören. (Genau wie die Umweltökonomie uns lehrt, dass es ein gewisses optimales CO_2-Emissionsniveau gibt, das natürlich größer ist als Null, einfach weil bei einer Emission von Null die damit verbundenen gesellschaftlichen Kosten unerträglich hoch wären.)

Dies mag als Hinweis darauf gelten, dass jenseits von Ressourcenknappheit und Energiekrise und auch jenseits unserer eben dargelegten kleinen ökonomischen Theorie des Geizes eine andere gesellschaftliche Bewertung von Sparsamkeit vonnöten ist. Sparsamkeit ist nämlich, per se, keine Tugend. Es ließen sich genauso viele Argumente für die Verschwendung finden. Mutter Natur jedenfalls arbeitet seit Beginn der Evolution zu gleichen Teilen mit beiden Prinzipien; sowohl der Grundsatz des Nichts-geht-verloren wie auch das Prinzip von Verschwendung, Verausgabung und Überfluss, die Menge an Möglichkeiten und Variationen, sind Bewegungsmotor von Schöpfung und Entwicklung. Und auch die meisten Kulturleistungen vergangener Zeiten haben viel mit Hingabe, Verschwendung und ungehemmtem, schwelgerischem Konsum zu tun; Konsum hat seit jeher noch ganz andere Zwecke erfüllt als jene der unmittelbaren praktischen Bedürfnisbefriedigung.

Sparsamkeit ist aber, wie gesagt, vor allem nicht Small-Talk-tauglich. Jedenfalls in der Schweiz, meinem Heimatland, wo man zu Geld, wie zu vielen anderen Phänomenen auch, ein nüchternes und gewissermaßen neutrales Verhältnis pflegt. Und immer wenn ich nach Deutschland komme und mich in der Gesellschaft bewege, bin ich irritiert, denn Deutschland scheint mir das einzige Land auf der Welt zu sein, wo die Frage »Was kostet der Spaß?« nicht nur in der öffentlichen Debatte, sondern auch in der gesellschaftlichen Unterhaltung von oberster Priorität ist. Konsumverzicht jedoch ist langweilig und düster, und seine Apologeten sollten sich lieber mal darauf besinnen, was sie der Gesellschaft schuldig sind: Stimmung. Stimmung ist überhaupt eine ökonomische Notwendigkeit. Das bringt uns zu einem weiteren Pfeiler der wirtschaftswissenschaftlichen Theorie: Erwartungen. Denn Erwartungen sind (beinahe) alles. In der Volkswirtschaftslehre spricht man von »Rationalen Erwartungen«. Das heißt nicht, dass die Menschen vernünftig wären – die Ökonomen sind sich der eingeschränkten Rationalität (oder »bounded rationality«, wie sie sagen) von Menschen wohl bewusst –, sondern nur (aber immerhin), dass rationale Akteure ihre Erwartungen über Variablen unter Zuhilfenahme aller verfügbaren relevanten Informationen formen. In der Theorie. In der Praxis sind Informationen mit Kosten verbunden und deshalb notwendigerweise immer unvollständig. Trotzdem ist die Theorie Rationaler Erwartungen nützlich und bildet die Basis für wichtige wirtschaftspolitische Schlussfolgerungen – unter anderem für jenes Phänomen, das man umgangssprachlich die »selbsterfüllende Prophezeiung« nennt: Ankündigungen aus für berufen gehaltenen Mündern haben eine selbsterfüllende Tendenz, wenn sie von den Wirtschaftssubjekten ernst genommen werden, diese also ihre Erwartungen darauf basieren. Wenn eine Heerschar von Experten und Pseudo-Experten sich gegenseitig in Katastrophen-Szenarien zu überbieten trachtet, des Tenors, dass die gesamte (westliche) Welt in die Stagflation oder Rezession oder Depression falle – erwarten die Akteure sinkende Preise und halten sich mit ihrem Konsum zurück. Für diesen

Verzicht ist dann nicht mal ein vermeintlicher Wertewandel erforderlich, sondern bloß ökonomisches Kalkül. Und infolge dieser Zurückhaltung sinken die Preise tatsächlich. Das hilft aber niemandem, weil keiner was kauft.

Soweit die ökonomische Theorie. Wie aber sieht es auf der normativen Seite aus? Hat der Wandel des Konsumverhaltens tatsächlich neue Werte inspiriert? Hat er mehr Freiheit gebracht von vermeintlichen materiellen Zwängen? Hat die Gesellschaft neue Themen gefunden jenseits von Insolvenzen, Bilanzen und Bonuszahlungen, die auch schon vor der Krise den öffentlichen Diskurs beherrschten? Was sind, abgesehen von Prüderie und Puritanismus, dem Überbieten in Verzicht und Ablehnung, also dem Negativen, positiv die neuen Werte? Worin bestehen sie? Nun, der deutlichste normative Gehalt, den die Krise transportiert hat, ist auch wieder strikt negativ: die Verachtung des Managers und die beschleunigte Umwertung des Managerbegriffes. Noch vor gut zwanzig Jahren, als ich mein Wirtschaftsstudium an der Hochschule St. Gallen aufnahm, war »Manager« was Großartiges, Lee Iacocca, den heute keiner mehr kennt, ein Held, und (beinahe) jeder wollte Geschäftsmann werden und Denver Carrington leiten. Heute hingegen gehört es in der veröffentlichten Meinung zum guten Ton, Manager – und gerne auch gleich pauschal »Unternehmer« – als gierige, verantwortungslose Monster zu brandmarken, die ungefähr so sympathisch sind wie der Jäger, der Bambis Mutter erschoss. Schlimmer als »Manager« ist nur noch »Wallstreet Manager«, was ungefähr gleichbedeutend ist mit Bernie Madoff, was ungefähr gleichbedeutend ist mit Luzifer. Dieses Klischee ist dumm und gefährlich. Ich meine, es mag Gründe geben, Manager nicht zu mögen;

einige sind tatsächlich skrupellos und korrupt (wie zum Beispiel auch manche Ärzte oder Kuratoren); andere sind, egal wie viel sie verdienen, langweilig und sozial verarmt (wie die meisten Schriftsteller) – aber Unterhaltsamkeit und Altruismus gehören auch nicht zur Qualifikation des Geschäftsmannes. Zu seiner Qualifikation gehört vielmehr der effiziente Umgang mit Ressourcen, und dies ist, Krise hin oder her, nicht notwendig gleichbedeutend mit dem Erhalt von so viel Status quo wie möglich. In der Regel ist das Gegenteil der Fall, besonders in der Krise. Darinnen liegen die Dynamik und innovative Kraft des marktwirtschaftlichen Systems, für die der österreichische Ökonom Joseph Schumpeter zu Recht den (letztlich auf Friedrich Nietzsche zurückgehenden) Begriff der »schöpferischen Zerstörung« prägte: Was nicht mehr effizient arbeitet, wie zum Beispiel eine Bank mit zu geringer Eigenkapitalquote, wird durch die Marktkräfte eliminiert und die solcherart freigesetzten Ressourcen werden produktiveren Verwendungen zugeführt.

Schauen wir weiter. Sonst irgendein neuer kultureller Wert, etwas Positives, Freiheitsförderndes, Zukunftsgewandtes, Richtungweisendes? Nicht wirklich. Was wir sehen, ist die alte Missgunst, den steten Blick auf das, was der andere hat, und mit diesem Blick werden im Kontext der Krise die Bonuszahlungen an die verteufelte Managerkaste beäugt, Zahlungen, die zum größten Teil wegen vertraglicher Verpflichtung ausgeschüttet werden müssen, was aber manchen Gesetzgeber bereits nicht davon abgehalten hat, in vorauseilendem Populismus Normen zur Verstaatlichung oder zur rückwirkenden, diskriminierenden, konfiskatorischen Besteuerung anzukündigen. Oder das Bankgeheimnis aufzuweichen. Ansonsten erschöpft sich das, was im Moment gegen die Schimäre eines sogenannten Neoliberalismus gesetzt wird, einerseits im Ruf nach autoritärer Lenkung, also Verstaatlichung und Staatskapitalismus, – und andererseits buchstäblich im Nichts, im Verzicht, im passiven Abwarten und anonymer Empörung. Damit jedoch verbinden sich in der Krisenstimmung wieder bloß Phlegma und Biederkeit, die beiden alten Kardinalsünden. Doch wir können was dagegen tun.

Und was? Einkaufen! Einkaufen in dem Bewusstsein, damit nicht nur Genuss, Selbstschöpfung und Lebensfreude in die Tat umzusetzen, sondern auch einen Beitrag zur Besserung der gesamtwirtschaftlichen Lage zu leisten. Denken Sie daran, was für ein Privileg es darstellt, in Freiheit einkaufen zu dürfen! Benehmen Sie sich antizyklisch. Setzen Sie Konsum als Wert, als Kunst- und Lebensform, bei der längst nicht die kurzfristige Betäubung im Mittelpunkt steht, mit der vernachlässigte Wesen wie die aus dem erschütternden Dokumentarfilm *Confessions of a Shopaholic* ihre innere Leere zuschütten. Nein, es geht um viel, viel mehr; es geht um die nutzen- und kulturstiftende Wirkung der genüsslichen Verausgabung. Von Tolstoi stammt der Satz: »Geld ist geronnene Gewalt.« Man kann das auch freundlicher ausdrücken, zum Beispiel mit Hilfe des Bildes vom Geldschein als Stimmzettel – doch stets sollte das Ziel uns vor Augen sein: Nutzen wir unsere Konsumentensouveränität, indem wir demonstrativen Konsum einfach mal anders verstehen; nicht als Vehikel zur Darstellung von Status und Sozialprestige, sondern als Zeichen gegen den heuchlerischen Verzicht, gegen die Genussfeindschaft eines eskalierenden Krisen-Puritanismus, der Konsum nur den Lasterhaften zugesteht, alle Verantwortung an die Obrigkeit delegieren will und in postmaterialistischer Überhebung so tut, als ob Leute, die Erfüllung in Bildung, Kreativität oder Liebe finden, nicht zugleich auch gerne einkaufen könnten! Der Liberalismus der demokratisch verfassten Marktwirtschaft ist eben *nicht* der Nährboden für eine Art Wohlstandsanarchie, ein rohes Paradies für maßlose Hedonisten und stumpfe Massen. Das ist doktrinärer Unfug. Der Markt ist der Boden des Glücks. Kämpfen Sie gegen die Weiterverbreitung einer Annahme, die ohnehin schon so weitverbreitet ist, wie es nur das Falsche und Banale sein kann; die Ansicht nämlich, dass der Reichtum an konsumtiver Entfaltung die Verarmung an Werten und Idealen notwendig mit sich führe. Gehen Sie raus und zeigen Sie den Leuten, dass der Weg zu Läuterung und Erleuchtung nicht über Mangel führen muss und dass Genuss ebenso viel belebende, erneuernde und reinigende Kraft haben kann wie Askese, sofern man unter Genuss nicht blindes Zusammenkaufen, sondern qualitativen Konsum versteht. Tun Sie das! Jetzt! Und dann kommen Sie zurück und lesen weiter.

II. WAS IST FREIHEIT?

§5 Axel Honneths Konzept der Freiheit

Kürzlich fuhr ich mit dem Auto vom kalifornischen San Diego nach Phoenix im US-Bundesstaat Arizona. Kurz nach der Staatengrenze grüßte am Rande des Freeway ein großes Plakat mit der Aufschrift »Remember Real Hope and Change?«. Womit zwei zentrale Schlagworte aus der Präsidentschaftskampagne 2008 von Barack Obama aufgenommen wurden. Über dieser – wohl mehr oder weniger rhetorischen – Frage allerdings prangte nicht das Konterfei des aktuellen US-Präsidenten, sondern das eines Vorgängers: Ronald Reagan. Ronald Reagan ist in den USA populärer als je zuvor. Er gilt als Ikone der Freiheit. Auch Barack Obama bezieht sich explizit und implizit auf Reagan und hat einiges von ihm gelernt, sowohl in der Substanz der Politik als auch in Führungsstil und Auftrittsweise, wie das US-Nachrichtenmagazin *Time* in einer Coverstory zu Reagans 100. Geburtstag im Jahre 2011 feststellte. In Europa, genauer in Kontinentaleuropa, gilt Ronald Reagan hingegen besonders bei Intellektuellen (und solchen, die sich dafür halten) für eine Art mittelgefährliche historische Witzfigur, man begegnet ihm allenfalls mit kondeszendierendem Lob, dem alsbald der hochnäsige Tadel folgt. Nicht anders ist häufig die Reaktion auf Reagans Zeitgenossin und Verbündete, die frühere britische Premierministerin Margaret Thatcher. Im Vereinigten Königreich ist Frau Thatcher freilich so populär wie nie zuvor. Unlängst wurde sie von Meryl Streep in einem filmischen Denkmal verkörpert, nachdem der aktuelle britische Premier David Cameron sie in den letzten Monaten auf praktisch jedem Gipfel der Europäischen Union verkörpert hat.

Margaret Thatcher und Ronald Reagan: Hier handelt es sich um Politikertypen, die zuallererst von Überzeugungen geleitet wurden; bei Reagan und Thatcher war dies die unumstößliche Überzeugung von der erstrebenswerten Freiheit des Einzelnen. Und das ist im Kern wohl immer noch ein zutiefst angelsächsisches Ideal. Dieses Konzept von Freiheit – die Autonomie des Individuums – ist in der Tat im deutschsprachigen Raum vielen Menschen immer noch ein wenig unheimlich, gerade Intellektuellen (und solchen, die sich dafür halten). Leider. Wir werden darauf zurückkommen.

Womit wir also wieder bei der Sache wären, bei der Freiheit. Was ist Freiheit? Zunächst und ganz allgemein: Freiheit wird in der Regel verstanden als die Möglichkeit, ohne Zwang zwischen verschiedenen Optionen auswählen und entscheiden zu können. Der Begriff benennt also einen Zustand der Autonomie des handelnden Subjekts. Man kann das auch etwas griffiger ausdrücken, zum Beispiel mit den Worten von George Orwell: »Freiheit ist das Recht, anderen zu sagen, was sie nicht hören wollen.« Natürlich gibt es eine lange Geschichte der philosophischen Behandlung und Ausdeutung des Freiheitsbegriffs, und überdies wird eventuell gerade vor unseren Augen wohl das gesamte Konzept der subjektiven Autonomie infrage gestellt, und zwar durch die kognitive Neurowissenschaft.

Der geht es um die neuronalen Mechanismen, die kognitiven und psychischen Funktionen zugrunde liegen, um sogenannte neuronale Korrelate des Bewusstseins: um Gehirnaktivitäten, die mit Bewusstseinsprozessen und -zuständen wie zum Beispiel Scham oder Euphorie einhergehen. Neuronale Korrelate und vor allem ihre mögliche Verankerung und Bestimmung durch den individuellen Genpool eröffnen ganz neue Fragen mit Blick auf Erleben und Wirklichkeitsbezug des Individuums – sowie überhaupt hinsichtlich der Vorstellung des Menschen als eines autonomen, also willensfreien Subjekts. Konzepte wie etwa »Verantwortung«, »Freiheit«, »Rationalität« oder »Personalität« müssen ganz neu bewertet werden. Die Willensfreiheit ist nach mehrheitlich akzeptierter Auffassung eine Voraussetzung für die moralische Kategorisierung von Handlungen. Die Neurowissenschaften betrachten das Gehirn jedoch als ein System, das vollständig durch seine vorherigen Zustände und den aktuellen Input determiniert ist.

Ich wollte diese Problematik hier kurz aufzeigen, will sie aber nicht weiter vertiefen. Stattdessen möchte ich mich im Folgenden quasi für den Grundlagenteppich meiner Ausführungen, also für die Frage, was Freiheit überhaupt bedeuten kann, auf Axel Honneth stützen. Honneth, einer der prominentesten Sozialphilosophen der Gegenwart und Professor für Philosophie an der Goethe-Universität in Frankfurt am Main, hat unlängst eine Monografie vorgelegt mit dem Titel *Das Recht der Freiheit*. Axel Honneth ist außerdem Leiter des Frankfurter Instituts für Sozialforschung und unter anderem für seine Reaktualisierung von Hegel bekannt geworden. Honneth sieht Hegel als einen Denker, der versucht hat, soziale Institutionen, die Freiheit verwirklichen, philosophisch zu rekonstruieren. »Normative Rekonstruktion« nennt Honneth diese Vorgehensweise, und er verfährt analog in seiner Abhandlung über die Freiheit, indem er, ganz in der Tradition des Instituts für Sozialforschung, empirische Gesellschaftsanalyse mit politischer Philosophie verbindet, um zu zeigen, wie die europäische Moderne Institutionen hervorgebracht hat, die sozusagen jeweils bestimmte Aspekte der Freiheit verkörpern und als Anspruch an die Gesellschaftsmitglieder enthalten. Der Begriff der »Institution« ist dabei weit zu fassen und beinhaltet beispielsweise auch etablierte Formen des Umgangs im sozialen Verkehr der Bürger untereinander. Im Einzelnen unterscheidet Honneth drei Kategorien oder Typen der Freiheit:

1. Die negative Freiheit

Die negative Freiheit ist unmittelbar verbunden mit der Idee des Rechtsstaates. Hierbei wird die Kraft des Rechts im Wesentlichen als eine negative Kraft vorgestellt: In diesem Sinne repräsentiert sie die Freiheit des Einzelnen, nicht behelligt zu werden, weder vom Staat noch von seinen Mitgeschöpfen. Der Rechtsstaat gewährt also eine spezifische Form der Freiheit, die es zwar per se noch nicht primär ermöglicht, mit anderen zu interagieren, die aber gleichsam garantiert, dass man als unbescholtener Bürger in Ruhe gelassen wird. Was ja auch immer schön ist.

2. Die reflexive Freiheit

Daneben nennt Honneth die moralische oder reflexive Freiheit, wonach ein Mensch frei sei, selbst gewählten moralischen Überzeugungen zu folgen. Das ist der bereits erwähnte Gedanke der moralischen Autonomie des Einzelnen. Diese Freiheit verkörpert sich institutionell zum Beispiel in einem kulturellen Wissen über Moral. Hier geht es also um selbstbestimmte Ziele des Individuums und deren Verfolgung.

3. Die soziale Freiheit

Und drittens gibt es die soziale Freiheit, die man durch wechselseitige Anerkennung mit anderen Menschen erfährt. Das heißt: Man setzt im Umgang miteinander voraus, sich gegenseitig zu respektieren und die Ziele und Motive des anderen anzuerkennen. Die soziale Freiheit, die Honneth auch »kommunikative Freiheit« nennt, ist jene Form der Freiheit, die man nur in der Ergänzung, im Austausch und in der Kooperation mit anderen realisieren kann. Diese intersubjektive Freiheit, die auf dem Hegelschen Ideal der wechselseitigen Anerkennung basiert, ist für Honneth die wichtigste Kategorie der Freiheit, sie liegt für ihn den modernen Vorstellungen von Familie, vom politischen Gemeinwesen und vom Markt zugrunde – das heißt, sie determiniert die drei wesentlichen Handlungssphären moderner, westlicher Gesellschaften. Sowohl die persönlichen Beziehungen der Menschen wie auch das marktvermittelte Wirtschaftshandeln und die politische Öffentlichkeit sind Felder, für die nach Honneth gilt: Frei ist nur, wer sich der Verbindung zu anderen bewusst ist und diese Verbindung ins eigene Wünschen und Handeln übersetzt. Für Axel Honneth, der die menschliche Gesellschaft Hegel folgend als ein Konglomerat von Anerkennungsverhältnissen sieht, ist Freiheit also ein entschieden sozial bestimmter Wert. Zugleich aber ist Honneth sich des Umstands bewusst, dass

Freiheit ein Wert mit konfligierenden Momenten ist, dass es entgegengesetzte Formen und Erfahrungen der Freiheit gibt und dass zum Menschsein auch die Zerrissenheit des Subjekts zwischen Individualismus und sozialer Orientierung gehört. Und das bringt uns zum nächsten Abschnitt. Und von der Theorie zur Praxis.

§6 **Freiheit gegen Transparenz: Welt ohne Stecker**

Der erste Teil der Ausführungen in diesem Kapitel war ziemlich theoretisch, aber jetzt wird's gleich ganz praktisch: Können Sie sich noch an Anthony Weiner erinnern? Dunkel? Genau: Anthony Weiner war dieser demokratische U.S.-Kongressabgeordnete (für die Stadt New York), den ein sogenannter Sexting-Skandal zum Rücktritt zwang. Besagter Skandal, treffend auch »Weinergate« genannt (sein Nachname wurde Herrn Weiner im Laufe der gesamten Affäre immer mehr zum Verhängnis), ward dadurch ausgelöst, dass Anthony Weiner das Online-Netzwerk Twitter benutzte, um ein indezentes Bild von sich einer 21-jährigen College-Studentin aus Seattle zugänglich zu machen. Irgendwie wurde besagtes Bild dabei allerdings unbeabsichtigterweise der ganzen Welt zugänglich gemacht und gelangte über einen Blog an die Öffentlichkeit (und zwar über den Blog des bekannten, inzwischen verstorbenen US-amerikanischen Publizisten Andrew Breitbart), und nach einigen Tagen des Leugnens und der Dementis räumte Weiner ein, dass das Bild von ihm stammte und dass er darüber hinaus auch andere sexuell mehr oder weniger explizite Bilder und Nachrichten elektronisch versandt habe, auch an weitere Damen, sowohl vor wie nach seiner Eheschließung im Mai 2009. Nach wie vor dementierte Weiner jeglichen realen Kontakt mit seinen Sexting-Bekanntschaften. Weitere Enthüllungen und zunehmender Druck auch aus dem eigenen politischen Lager führten dann dazu, dass der Kongressabgeordnete Anthony Weiner am 16. Juni 2011 seinen Rücktritt erklärte.

Das war die Geschichte – und falls Sie sich nicht mehr erinnern konnten, so ist das auch nicht weiter besorgniserregend, sondern entspricht nur der verkürzten Aufmerksamkeits- und Gedächtnisspanne unserer informationsüberlasteten Zeit. Was aber zeigt der Fall Weiner mit Blick auf unser Thema, die Freiheit? Nun, er zeigt zunächst ein Spannungsverhältnis auf, das seinem Wesen nach nicht neu ist und das wir auch schon bei Honneth gefunden haben, nämlich das Spannungsverhältnis zwischen individueller Freiheit und Öffentlichkeit. In diesem Falle steht auf der einen Seite das individuelle Recht auf informationelle Selbstbestimmung, also das Recht des Einzelnen, grundsätzlich selbst über die Preisgabe und Verwendung seiner persönlichen und persönlichsten Daten zu verfügen, oder, mit anderen Worten: das Persönlichkeitsrecht des Einzelnen auf Privat- und Intimsphäre. Und auf der anderen Seite steht das Informationsinteresse der Öffentlichkeit, also die Informationsfreiheit. Die Spannung zwischen diesen beiden Polen ist wie gesagt nicht neu, doch sie hat eine ungekannte Intensität und Drastik bekommen, und zwar durch eine neue gesellschaftliche Institution, deren Verhältnis zur Freiheit hochgradig ambivalent und problematisch ist: das Internet.

Nach Ansicht einiger Sachverständiger ist es ein Glück, dass wir das Internet noch nicht allzu lange haben. Wäre das World Wide Web mit seinen Techniken und Tendenzen der Bloßstellung und Destruktion von Persönlichkeiten und Biografien nämlich auch nur ein halbes Jahrhundert früher über uns gekommen, hätten es wahrscheinlich beispielsweise John F. Kennedy und Martin Luther King nicht weit gebracht. So lautete, auf dem Höhepunkt von Weinergate, der Kommentar des bereits erwähnten amerikanischen Kultur- und Medienkritikers Lee Siegel auf der Internetplattform *The Daily Beast*. Weiners Verhalten sei zwar »creepy« gewesen, schrieb Siegel, also auffällig und krass und unpassend, aber nicht illegal, ja, noch nicht mal wirklicher Sex, und das Ausmaß der bornierten philiströsen Empörung als Reaktion darauf mittelalterlich und lächerlich. Siegel hat recht, und die Liste von politischen Helden mit, wenn man so will, angreifbarem Privatleben ließe sich beliebig erweitern: der deutsche Bundeskanzler und Friedensnobelpreisträger Willy Brandt war kein Kind von Traurigkeit, ebensowenig die französischen Präsidenten Mitterrand oder Chirac – oder *jeder* französische Präsident. Wir sehen hier, dass die sogenannte Digitale Revolution, also die Erfassung nahezu sämtlicher Gesellschaftsbereiche durch den elektronischen Informationsaustausch und die damit einhergehende Möglichkeit totaler Transparenz, Auswirkungen zeitigt, die einer kritischen Betrachtung und Behandlung bedürfen. Die traditionelle Politik reagiert hier oft zögerlich und überfordert, und viele sogenannte Netzaktivisten werden ihrer gewachsenen Verantwortung nicht gerecht. »Netzaktivist« ist übrigens im Grunde ein Oxymoron, handelt es sich hier doch zumeist um Charaktere, die zu viel sitzen, zu wenig Leben mitkriegen und zu viel Tiefkühlpizza konsumieren und deren Realität in der Regel einen Stecker am Ende hat.

Das Internet ist ein schnelllebiges und unstetes Medium; das Eigentümliche und zugleich Bedenkliche an ihm jedoch ist die Gleichzeitigkeit von technischem Fortschritt und antiquierter Moral: Wie Lee Siegel anhand des Falls Weiner demonstriert hat, mag zwar die aktuelle *Technologie* des Anprangerns brandneu sein – die gesellschaftliche Reaktion auf diese Bloßstellung privatesten Verhaltens ist dagegen nicht selten ein paar Hundert Jahre alt: puritanische Schelte. Pietistische Empörung. Der drohende Zeigefinger des Schuldirektors. Indignation wie im Damenverein der Mäßigungsbewegung. Man könnte diese sich verschärfende Ungleichzeitigkeit von Technik und Moral, die im Grunde ein alter Topos der Modernisierungskritik ist, als »Rasenden Stillstand« bezeichnen. So jedenfalls beschreibt der Soziologe Hartmut Rosa in Anlehnung an den französischen Philosophen Paul Virilio das Paradox einer Gesellschaft, in der sich die technologische Entwicklung im exponentiellen Galopp beschleunigt und gleichzeitig die kulturelle Bewegung zunehmend erstarrt. Rosa spricht vom Geschwindigkeitsrausch der »Beschleunigungsgesellschaft«, der Welt- und Wertbeziehungen annulliert und eine adäquate Normorientierung unmöglich macht.

Hier nun gilt es, sich eine fundamentale, wenn auch vielleicht schwer anzunehmende Weisheit in Erinnerung zu rufen: Kein Held ist ohne schwache Seite. Die Schattenseite gehört immer dazu, jedenfalls bei komplexeren Menschen; sie ist sogar ein notwendiger Teil der Ganzheit des Menschseins, also dessen, was man *condicio humana* nennt, sie macht den Helden nicht schwächer, sondern erst komplett. Und das grundsätzliche strukturelle Problem des Internets besteht meines Erachtens eben darin, dass es vor allem aufgrund seiner Anonymität nicht zuletzt einen bestimmten Charaktertypus anspricht und zur Äußerung auffordert und damit zur Geltung bringt, und zwar einen Typus, der in diese umfassende Menschlichkeit nicht allzu viel Einblick hat und deshalb zum Beispiel die totale Transparenz für ein Ideal hält: den verkrachten Sozialphobiker nämlich, der sich zu kurz gekommen glaubt, den selbstgerechten Verleumder und ebenso neidvollen wie humorlosen Angsthasen, den ewigen Querulanten, der früher höchstens Leserbriefe schrieb oder sonst in seiner Vorortwohnung saß und grollte, kurz: einen wesensmäßig unsicheren und unfreien Menschen, der historisch gesehen immer am besten so platziert war, dass er *kein* Forum und Plenum hatte – insofern aktualisiert das Internet eine ganz neue Version der uralten Dialektik der Aufklärung. Und andererseits: taugen die Skandale nichts mehr. Anthony Weiner trat zurück wegen eines Sexskandals ohne wirklichen Sex. Das war nur Online-Sex im Ansatz. Wie traurig. Wie überhaupt viele ansonsten faszinierende Phänomene durch den Vorsatz »Online« gleich viel erbärmlicher klingen, denken Sie bloß an »Online-Dating«. Oder »Online-Kriminalität«. Wie traurig. Richtige zwischenmenschliche Aktivität findet analog statt, im richtigen Leben, nicht in den Frames seines digitalen Abklatsches – und das wird immer so sein.

Der virtuelle Raum als Kulturraum und die sogenannte Digitale Revolution haben also zur Freiheit ein sehr ambivalentes Verhältnis: Einerseits, gerade bei fehlenden äußeren und infrastrukturellen Voraussetzungen in restriktiven Gesellschaften, müssen sie als wichtiges Vehikel der Informationsfreiheit gesehen werden; andererseits sehen wir auch, beispielsweise am Versanden des sogenannten Arabischen Frühlings, dass soziale Netzwerke als Freiheitsträger offenbar nicht ausreichen, das Internet also in dieser Hinsicht überschätzt wird. Und darüber hinaus erleben wir, dass die virtuellen Strukturen des elektronischen Informationsaustausches gerade in hochentwickelten Mediendemokratien eben nicht automatisch jenen Wert fördern, der die institutionelle Ordnung der postmodernen Gesellschaft bisher nachhaltig geprägt hat, und das ist die Freiheit im Sinn der Autonomie des Einzelnen.

Stattdessen ist zweierlei festzustellen. Erstens: Das Recht auf informationelle Selbstbestimmung richtet sich im Rechtsalltag gar nicht mehr nur notwendig gegen den Staat oder gegen Unternehmen, sondern immer öfter gegen Dritte, gegen andere Privatpersonen, die sich eine Enthüller- und Transparenzritterrolle anmaßen. Hier ist es übrigens aufschlussreich, dass etwa die Piratenpartei nur einer Datenspeicherung durch den Staat Restriktionen auferlegen will, aber nichts oder wenig zu haben scheint gegen die Datensammlungen von privater Seite. Damit befindet sie sich in Übereinstimmung mit dem Verhalten eines Publikums, das beim Online Shopping oder bei Google, Twitter, Facebook und Youtube seine Daten und Intimitäten mit großer Bereitwilligkeit streut und sich gleichzeitig trotz einer solcherart längst digital durchgepausten Lebensführung die Illusion geschützter Privatheit erhalten will, indem nämlich das Recht auf informationelle Selbstbestimmung paradoxerweise nur als ein Anspruch gegen den Staat verstanden wird. Dieses Recht aber richtet sich, wie das Recht auf körperliche Unversehrtheit, grundsätzlich gegen alle Welt.

Und, zweitens: Die Verabsolutierung des Transparenzgedankens entspricht genau dem, was Axel Honneth in seinem Buch als »soziale Pathologie« bezeichnet. Mit dem Begriff der »Pathologie« betitelt Honneth den Umstand, dass versprochene Freiheiten, die in Institutionen als Ansprüche enthalten sind, sich quasi verselbstständigen, falsch praktiziert, verabsolutiert werden, was vor allem ein gruppendynamischer Prozess ist und dazu führt, dass die betreffende Gruppe von Akteuren in ihrer Wahrnehmung eingeengt und letztlich unfrei wird. Genau das aber passiert in der digitalen Sphäre, wo eine vermeintliche Diskursivität oft einer kulturellen Kalibrierung auf unterstem Niveau gleichkommt, also der Desinformation und Daueremotionalisierung. Das ist freiheitsfeindlich, aber offenbar für viele Leute unterhaltsam, und deshalb ließe sich hier durchaus eine Lust am Verlust der Freiheit konstatieren. Freilich ist ebenfalls nicht selten schlicht Unwissenheit im Spiel, und diese Unwissenheit im Umgang mit dem Medium verschärft seine Ambivalenz ebenso wie die häufig übergangene Tatsache der sogenannten digitalen Kluft, ein Phänomen, auf das der seinerzeitige US-Präsident Bill Clinton bereits 1996 aufmerksam machte: die ungleiche Verteilung von Möglichkeiten des Zugangs und der Nutzung digitaler Informations- und Kommunikationstechnologien, auch in entwickelten Mediendemokratien. Wenn die Universität Zürich Ende 2011 in einer Studie feststellt, dass drei Viertel der Schweizer Bevölkerung das Internet nutzen, heißt das umgekehrt, dass man immer schon 25 Prozent der Bevölkerung von vornherein ausschließt, wenn man von einer elektronischen Öffentlichkeit redet. Diejenigen, die das World Wide Web ohnehin schon nutzen, brauchen es indes immer häufiger. Sodass sich die Kluft zu denjenigen, die nur sporadisch oder gar nicht im Internet aktiv sind, eher verstärkt. Die deutsche *Tageszeitung* zitierte im Februar 2012 eine Studie, der zufolge nach wie vor gut 60 Prozent der deutschen Bevölkerung zu diesen »digital wenig Erreichten« gehören.

Unsere Schlussfolgerung an diesem Punkt ist: Totale Transparenz ist nicht Freiheit, sondern ihr Gegenteil – Terror. Und das zeigt sich auf allen Feldern: Politik, Wirtschaft, Privatsphäre. Ein essenzieller Teil des Konzepts von Politik sowohl im klassischen Liberalismus wie im säkularen Konservativismus ist die klare Trennung von privater und öffentlicher Sphäre – und genau dagegen richtet sich das verabsolutierte Transparenzideal. Auch in fundamentalistischer Sichtweise gibt es diese klare Trennung nicht; und für die neuen Fundamentalisten der Transparenz (aber nicht nur für diese) hat der Staat anscheinend eine klare Rolle: die Tugendhaftigkeit voranzubringen. Es geht nicht mehr um Freiheit, es geht um Tugend. Damit treffen sich in ihren faktischen Zielsetzungen die linken Fundamentalisten der Transparenz mit jenen ideologischen Neo-Konservativen, von denen sie sich doch so weit entfernt glauben. Das Gegensatzpaar zwischen Freiheit und Tugend (als moralisch aufgeladener Wert) geht ebenfalls auf Andrew Sullivan zurück, der es auch zur Abgrenzung der Zielsetzungen von klassischen Konservativen und Neo-Konservativen benutzt: Konservative wie Thatcher und Reagan waren durchaus keine Fundamentalisten; sie hatten zwar gesellschaftskonservative Werte, aber diese beeinflussten nie im Sinne von Organisationsprinzipien oder ideologischen Mandaten ihr politisches Handeln (und schon gar nicht ihr Regierungshandeln). Thatcher und Reagan sprachen sehr viel öfter von Freiheit als von Tugend oder Tugendhaftigkeit. Beide sahen die Aufgabe des Staates vor allem darin, seine Bürger so weit wie nur möglich in Ruhe zu lassen. Sullivan grenzt diese klassischen angelsächsischen Konservativen ab gegen jenen Typus, den er als »new big-government conservative« bezeichnet, also jene Sorte, die in der Tat davon überzeugt ist, dass der Staat ein Recht habe, als regulierende, moralisierende, paternalistische Instanz aufzutreten, um das Leben seiner Bürgerschaft nach überlegenem Wissen zu gestalten. Die Vertreter eines derartigen neuen Konservativismus weisen nach Sullivan alle wesentlichen Züge der fundamentalistischen Psyche auf: eine absolute Bindung an bestimmte Idealvorstellungen, ein Fokussieren auf Ziele statt auf Mittel oder Verfahren, eine Übergewichtung der Vision im Verhältnis zur Kompetenz und Konsequenz, und kein Gespür für die Grenzen von Regierung, die Paradoxe der Macht oder die Schwierigkeit einfacher Lösungen. Moral übertrumpft hier Autonomie.

Was aber brauchen wir für die Rückkehr zum Pragmatismus, zur Wirklichkeit? Nun, vielleicht brauchen wir zu all der neuen Technik doch noch ein paar alte Ideen, aber nicht die oben erwähnte Idee des Prangers, sondern die heutzutage leider in Verruf gekommene klassische Idee des Liberalismus, einer liberalen Ironie, um genau zu sein. Wir werden darauf zurückkommen.

§7 Freiheit und Konsum: Was heißt liberal?

Zuerst aber noch eine Bemerkung zu den sogenannten Wutbürgern. »Empörung« scheint neuerdings ein positiv besetztes Wort zu sein; ebenso wie das sehr deutsche Wort »Wutbürger« als die teilweise Selbstbezeichnung für empörte Angehörige der Mittelklasse, die auf die Straße gehen (oder dort gleich campen), um gegen den Kapitalismus, dessen mutmaßliches Bankensystem und eine mutmaßlich aus beiden resultierende ungleiche Einkommens- und Eigentumsverteilung zu demonstrieren. Auch hier folgt man den Regeln der Aufmerksamkeitsökonomie: Kritik besonders an der Finanzwirtschaft und ihren Exponenten, allen voran Investmentbankern und Hedge-Fonds-Managern, ist billig und erfreut sich oft der pauschalen Zustimmung der veröffentlichten Meinung und einer Medienresonanz, die in keinem Verhältnis zur Größe und Bedeutung einer Bewegung steht, die diese Kritik artikuliert und letzthin auch unter dem Namen »Occupy« bekannt wurde. Aber ob nun »Occupy« oder »Blockupy« oder »Schmockupy« – das Ganze geschieht ziemlich unreflektiert und ist auch ein bisschen opportunistisch und peinlich, weil hier mit jenen Vereinfachungen gearbeitet wird, die ein Zeichen der Ideologisierung unserer Tage sind. Wer nämlich pauschal sogenannte »Banker« oder vermeintliche »Spekulanten« als per se und im Kern schlecht angreift, verkennt, dass diesen Akteuren seit jeher eine wichtige, wachstums- und fortschrittsfördernde Aufgabe im freiheitlichen System der Marktwirtschaft zukommt: Ohne Spekulation, also eine eher instinktgeleitete Investition von Finanzkapital mit hohem Verlustrisiko, hätte es beispielsweise die gesamte vorhin gewürdigte Digitale Revolution nicht gegeben und auch nicht andere Modernisierungsschübe der jüngeren Geschichte. Und wenn nun zurecht gegenwärtig von krisenhaften Zeiten gesprochen wird, so ist die aktuelle, immer noch andauernde Krise, auch Euro-Krise genannt, im Wesentlichen wie gesagt nicht auf Markt-, sondern auf Politikversagen zurückzuführen; hinter ihr steht nämlich der schlichte Umstand, dass einige Länder des Euro-Währungsraums im Verhältnis zu ihrer Wirtschaftsleistung zu große Schulden akkumuliert haben. Natürlich ist die Finanzwirtschaft bei der Finanzierung dieser Schulden beteiligt und natürlich gab es hier Fehlentwicklungen, die nach ordnungspolitischen Korrekturen verlangen – aber nicht nach einem Systemwechsel. Den aber scheint die Occupy-Bewegung zu wollen. In welche Richtung und wie intensiv, ist durchaus unklar. Fest steht: Die Occupy-Bewegung, wenn man sie denn so nennen will, ist vergleichsweise klein und soziodemografisch ziemlich homogen: sie rekrutiert sich in der westlichen Welt, wo sie vorkommt, vorwiegend aus der weißen Mittelklasse; also aus Leuten, die Apple oder den Toyota Prius oder Fair-Trade-Kaffee gut finden. Und andererseits irgendwie genug haben von ihren vier Euro fünfzig Girokontogebühr im Monat.

Weniger homogen sind wie gesagt die Ziele dieser Empörung; bloß *ein* Feindbild scheint sich herauszukristallisieren: der sogenannte Neoliberalismus, damit der Liberalismus, damit die Freiheit selbst. Denn »neoliberal« ist ja kein Wort, jedenfalls kein wertneutraler und universeller theoretischer oder akademischer Terminus technicus. »Neoliberal« ist vor allem ein politischer Tendenzbegriff mit abwertendem Beigeschmack, vielleicht zusammengezogen aus »liberal« und »neoklassisch«. Mit letzterem Attribut wird eine Richtung der Wirtschaftstheorie bezeichnet, als deren zentrales Axiom man zusammenfassen könnte, dass Märkten eine Tendenz zum Gleichgewicht und damit zur effizienten Allokation von Gütern und Ressourcen innewohnt und es deshalb a priori nicht schlecht ist, den Markt sich entfalten zu lassen. Die heutige Diskreditierung des Marktes und des Liberalismus, denen die freie Welt viel zu verdanken hat, mit Schlagworten wie »marktradikal« und »neoliberal« erinnert in ihrem Fundamentalismus und ihrer Selbstgerechtigkeit und Geistlosigkeit bisweilen an die Verachtung der Demokratie in der Endphase der Weimarer Republik in Deutschland vor gut 80 Jahren. Fragen Sie mal jemanden, der diese Schlagworte benutzt, nach dem Unterschied zwischen Liberalismus und Neoliberalismus. Sie werden keine Antwort kriegen.

Der Staat des Liberalismus basiert auf Toleranz und Neutralität gegenüber allen Weisen der rechtskonformen Lebensgestaltung. Das klingt gut und ist es auch – und doch scheint der Liberalismus wenig gelitten heutzutage; er scheint nicht dem Zeitgeist zu entsprechen und an allen Übeln schuld zu sein: Von den Irrationalitäten der Finanzmärkte bis hin zur Arbeitsverdichtung bei Temporärkräften werden der Liberalismus und sein vermeintlicher Popanz, der Markt, verantwortlich gemacht für sämtliche wahrgenommenen Auswüchse und Exzesse des sogenannten Neuen Kapitalismus, um ein auch nicht mehr ganz frisches Schlagwort des Soziologen Richard Sennett zu gebrauchen. Diesem Schlagwort liegt übrigens die zunächst völlig korrekte Annahme zugrunde, dass Kapitalismus nicht nur eine Wirtschaftsweise ist, sondern auch eine soziale und kulturelle Existenzform, und Sennetts

Kritik an der zunehmenden Dynamisierung des institutionellen Rahmens der New Economy verdichtet sich folgerichtig im Topos der Konsumkritik: den flexiblen Rollen als Dogma des Neuen Kapitalismus in der elektronisierten Dienstleistungsgesellschaft entspricht der flexible Konsum eines, wie Sennett ihn beschreibt, entfesselten Konsumenten: Die Bereitschaft, Gewohnheiten abzustreifen und ständig nach Neuem zu suchen, sei dessen Wesensmerkmal. Dem Diktat der Deregulierung einer kurzfristigen, auf ständige Umwälzung angelegten Ökonomie, die für den Einzelnen keine konventionelle Lebensführung mehr zulässt, korrespondiert gemäß Sennett ein unverbindlicher, unsteter Massenkonsum: Den Menschen werde mehr und mehr verunmöglicht, sich auf Tätigkeiten und Dinge wirklich einzulassen. Der alte Gedanke von der Entfremdung also. Auch Adornos Vorstellung von der sogenannten »Durchökonomisierung« der Gesellschaft finden wir hier wieder. Für Sennett drückt sich dabei das durch die Zwänge des Marktes zunehmend geforderte Selbstmanagement auch in zunehmenden Konsumzwängen aus; die sogenannte Ideologie der Potenz, die Sennett als Dogma für den flexiblen Menschen kritisiert und deren Reiz von dem Versprechen unbegrenzter Möglichkeiten ausgeht, manifestiere sich auch auf dem Konsumgütermarkt, etwa in all den elektronischen Gerätschaften, deren Leistungsspektrum so überdimensioniert sei, dass kein Käufer es je ausschöpfen könne. So weit Sennett. Und da sind wir wieder! Konsumzwänge als Identitätszwänge – dieser Topos gehört zum kitschigen Standardrepertoire nicht nur einer bestimmten Linie der Sozialwissenschaft, sondern auch zur Leitmotivik eines ebenso langweiligen wie zählebigen Zweigs der deutschsprachigen Belletristik. Und es ist mir deshalb ein besonderes Anliegen, hier darauf hinzuweisen, dass Freiheit und Konsum unmittelbar verbunden sind.

Und zwar sind sie es, erstens und zunächst, ganz direkt eben durch den Markt. Den freien Markt. Der Markt ist kein Monster. Für Axel Honneth übrigens ist der Markt nicht der Ort der individuellen Freiheit, wo Menschen in Konkurrenz zueinander ihr Glück suchen, sondern der Ort der sozialen Freiheit, wo Menschen mithilfe anderer Menschen ihre Bedürfnisse befriedigen und deswegen auf Formen der Kooperation angewiesen sind. Die zweite Äußerungsform der Freiheit aber liegt direkt im souveränen Konsum selbst begründet. Die aufgeklärten Konsumenten von heute sind nämlich nicht geistlos. Sie sind nicht indifferent gegenüber Qualität und Lebenszyklen von Produkten, und schon gar nicht sind sie grenzenlos gierig, weil irgendein grausamer Wirtschaftsapparat ihnen pausenlos neue Bedürfnisse oktroyierte. Der bereits erwähnte deutsche Kulturwissenschaftler Wolfgang Ullrich vertritt hierzu die These, dass das Bildungsbürgertum, das über zwei Jahrhunderte hinweg (in der westlichen Welt) die Hochkultur getragen und gefördert hat, inzwischen von einem Konsumbürgertum abgelöst wird. Dieses Konsumbürgertum impliziert eben auch eine gewisse bürgerliche Konsumentensouveränität. Aufgeklärtes Konsumieren ist keine frivole Ressourcenvergeudung, sondern ein schöpferischer Akt der Selbstfindung, wo jeder friedlich und authentisch nach seinen Präferenzen selig werden kann. Der britische Soziologe Colin Campbell hat in diesem Zusammenhang darauf hingewiesen, dass die moderne Konsumgesellschaft gerade *nicht* vorrangig materialistisch sei, weil sie vor allem

Produkte hervorbringt, die wegen ihrer immateriellen Konnotationen begehrt werden, also wegen ihrer Image-Botschaften und Identitätsstiftungen. Dabei kaufen wir nicht einfach irgendeine Schablonenidentität über Produkte, sondern wir entdecken quasi unser Ich durch die spezifische Auswahl und Zusammenstellungen an Waren, mit denen wir uns umgeben.

Dieses Konzept der Selbsterschaffung qua Konsum ist eine emanzipatorische Errungenschaft des spätmodernen Subjekts, dessen Vorfahren generationenlang darauf gedrillt waren, sich über kollektive Kategorien wie »Religion«, »Nationalität« oder »Ethnizität« zu definieren – nicht über individuelle Geschmacksentscheidungen. Was aber ist Geschmack? Die Fähigkeit zur Auswahl. Ein Gespür für das Passende, Angemessene. Und das ist eine sehr friedliche Art der Selbstfindung; sie ist nicht-aggressiv und nicht-dogmatisch und sie steht prinzipiell allen offen. Gerade deshalb sehen Gesellschaftswissenschaftler wie der Kommunikationstheoretiker Norbert Bolz im globalisierten Konsumismus ein wichtiges Gegengewicht etwa zum religiösen, politischen und sonstigen weltanschaulichen Fundamentalismus. Die freie Entfaltung des Individuums im Wechselspiel von Individualität und Zugehörigkeit ist eines der großartigen Angebote der Konsumgesellschaft, eine Glücksofferte ohne Fundamentalismus und Aggression. Das ist Freiheit. Natürlich gibt es immer noch genug Plunder. Das gehört zur Angebotsvielfalt. Dagegen hilft aber keine doktrinäre Belehrung, sondern nur Geschmacksbildung.

§8 Die Gefahr des Fundamentalismus

Wir haben von den freiheitsbedrohenden Risiken der digitalen Informationstechnologien gesprochen, und hier lohnt sich ein zweiter Blick. Es ist ja momentan eher unwahrscheinlich, dass die Menschheit beispielsweise vom Internet wieder abkommt – wie von Überschallflugzeugen in der Zivilluftfahrt. Eine gelegentlich skizzierte Gefahr der digitalen Gesellschaft ist ein Leben in virtuellen Kapseln, das nichts mehr dem Zufall überlässt und die Kehrseite der allumfassenden Vernetzung darstellt: der real einsame Mensch inmitten einer toten Gesellschaft virtueller Favoriten, nur noch umgeben von potenten kleinen nanoelektronischen Wunderdingen. Jedes Individuum wird zum Atom, jede Kultur wird zur Subkultur, der Zufall oder Gott als Bewegungsprinzip weitestgehend ausgeschaltet. Es folgen: Isolation, Rückzug, die Abkehr vom Leben – und interessanterweise im Freizeitverhalten und Verhältnis zur Kultur damit die Wiederholung und Bestätigung einer Position, die der Gesellschaftswissenschaftler und Zeitkritiker Siegfried Kracauer bereits 1930 in seiner berühmten Studie über *Die Angestellten*, das Kleinbürgertum seiner Epoche, als »Weltflucht« charakterisiert hat.

Diese Position wird auch unterstützt von Sherry Turkle, Soziologin am Massachusetts Institute of Technology, die in ihrem Buch *Alone Together: Why We Expect More from Technology and Less from Each Other* die Verheißungen der totalen Informationsgesellschaft sehr kritisch sieht. Turkles zentrale These ist, dass gefühlte und faktische Zusammengehörigkeit durch Kommunikationstechnologien nicht gestärkt, sondern verdrängt wird, indem diese Technologien ihre Benutzer simultan von realen Sozialkontakten abhalten und eine Seelenruhe des Alleinseins verhindern. Das Erleben von Alleinsein wird dem post-post-modernen Subjekt überhaupt verunmöglicht. Ein derartiger Techno-Skeptizismus findet sich auch in Richard Sennetts *Together: The Rituals, Pleasures and Politics of Cooperation.* Sennett sieht die Fähigkeit zur Kooperation und Interaktion als soziale Kompetenz, die nicht zuletzt durch Erfahrung und Konditionierung erlernt werde. Mit dem Verlust diverser Formen und Muster des realen gesellschaftlichen Austausches in der digitalen Welt geht dieses Training flöten, und die Konsequenz beschreibt Sennett wie folgt: »A distinctive character type is emerging in modern society, the person who can't manage demanding, complex forms of social engagement, and so withdraws.«

Schon in Kracauers Analyse geht Weltflucht einher mit einer Anfälligkeit für politische Heilslehren, und wenn nun auch heute allenthalben eine grassierende Apolitie beklagt wird, so kann man gewiss keinen Mangel an Heilslehren konstatieren: Die gesamte sogenannte Celebrity-Kultur mit ihrer Schwemme an medialen Pseudo-Reality-Formaten liefert, wenn man so will, einen quasi-religiösen Sinnstiftungsapparat mit eigenen utopischen, mythischen und rituellen Elementen. Den Charakter einer säkularen Religiosität hat inzwischen punktuell auch die Identitätsbildung über Ernährung oder über rituelle Freizeitverhalten wie Tourismus oder Sport angenommen. Das spätmoderne Ich ist ja nichts als ein dauerndes Provisorium, das die Module, aus denen es besteht, immer wieder neu zusammensetzt, immer schneller – und mehr oder weniger improvisiert. Wir alle sind geworfen, nicht nur in dies verwirrende Dasein im Allgemeinen, sondern auch in eine immer steigende Zahl von Rollen und Situationen und mutmaßlichen Verhaltenserwartungen – und so neigt das arme irritierte und fragmentierte zeitgenössische Subjekt zu Dogmatisierungen, um sich die Welt zu vereinheitlichen; und übrigens herrscht auch an im engeren Sinne spirituellen und religiösen Angeboten kein Mangel. Kurz: Ideologien, Weltanschauungen, Glaubenssysteme sind wieder gefragt. Und das bringt mich zum Fundamentalismus: Meine Damen und Herren, ich halte den Fundamentalismus für die größte Gefahr des 21. Jahrhunderts. Das ist vielleicht keine besonders originelle Anschauung, aber sie kann nicht oft genug wiederholt werden. Und wenn ich hier Fundamentalismus sage, meine ich eine Art des Denkens, die sich durch Geschlossenheit, absoluten Wahrheitsanspruch, eine all-erklärende Letztbegründung und kategorischen Schwarz-Weiß-Dualismus auszeichnet. Fundamentalismus ist seinem Wesen nach radikal, intolerant und expansiv. Fundamentalisten zweifeln nicht, argumentieren nicht, hinterfragen nicht, sie kennen nicht die essenziell moderne Unterscheidung zwischen dem, was wir empirisch wissen, und dem, was wir normativ glauben. Fundamentalisten sehen Abweichungen von ihrem apriorischen Ideal nicht als eine Einladung, mehr über die Komplexität der Wirklichkeit zu lernen, sondern als verdammenswert und übel.

Ich ziele hier auf jede Form von ideologischem Fundamentalismus, also auf Ideensysteme mit geschlossenem Weltbild und totalitärem Absolutheitsanspruch, seien sie religiös oder säkular, von links oder von rechts. So hat der gegenwärtig wahrgenommene Krisenkontext beispielsweise zu einer Wiederbeatmung des Marxismus geführt, weil einige Leute nun tatsächlich erneut glauben, dass der Marxismus die Bewegungsgesetze des Kapitalismus erklären könnte. Ausgerechnet der Marxismus mit seiner reichlich groben Dialektik und seinen historisch überholten Geschichtsmotoren in Form von Profit als Zwang und Kapital als Vampir. Das ist absurd. Dazu passt exakt auch jene neue Lehre von der sogenannten Refeudalisierung der Ökonomie, mit der namentlich in Deutschland gewisse Soziologen die sogenannte Finanzaristokratie im Sinne von Karl Marx wiederauferstehen sehen wollen: als eine hermetische Managerklasse, deren Mitglieder sich gegenseitig auf Kosten von Anteilseignern Privilegien zuschanzen, während sie ansonsten das Leistungsprinzip suspendiert und durch prassenden Geltungskonsum ersetzt haben. Derartiger Unsinn fügt sich sehr schön in die Ära der Albernheit. Denn es ist schlicht albern, wenn gegenwärtig wieder Machwerke wie *Das Kapital* aus dem Shredder der Geschichte gezogen und mit Selbstgerechtigkeit und ignorantem ökonomistischem Determinismus die Sozialutopien eines allumfassenden Wohlfahrtstaates reanimiert werden, der für alles die Verantwortung übernehmen und um jeden Preis den Status quo erhalten soll, so marode er auch sei. Aber man kann nicht die Angebotsseite zementieren, wenn auf der Nachfrageseite eine Kultur des Geizes und der Knickrigkeit herrschen. Genau das jedoch wird verlangt: sture Konservierung – statt jener kreativen Zerstörung, in der Joseph Schumpeter eine der Hauptdynamiken des Marktes erkannte. *Profit drives the world forward.* Und das ist auch gut so. Ist mir lieber als jede andere realistischerweise mögliche Kraft. Im Übrigen hätte Schumpeter zweifellos seinem Zeitgenossen, dem Aphoristiker und Kritiker Alfred Polgar, zugestimmt, der feststellte, das, was ihn am Kommunismus am meisten störe, sei: dass man so wenig allein sein könne.

III. IRONIE ALS KULTURLEISTUNG

§9 Kulturformen des Humors und die Teilung des Westens

Was ist eigentlich das Gegenteil von Fundamentalismus? Und Sie werden jetzt eventuell überrascht sein, meine Damen und Herren, wenn ich Ihnen sage: Das Gegenteil von Fundamentalismus ist – Konservativismus. Das ist nicht mein Einfall, sondern der des bereits zitierten politischen Publizisten Andrew Sullivan, eines Engländers, der in den USA lebt, und daran merken Sie, dass ich, wenn ich hier von Konservativismus spreche, denjenigen angelsächsischer Prägung meine, der in der Tat etwas ganz anderes bezeichnet als der eher etatistische Konservativismus in den meisten Teilen Kontinentaleuropas. Woran wir einmal mehr sehen: »Der Westen« ist kein einheitlicher Block; es gibt den angelsächsischen Westen und den anderen Westen, oder, historisch aufgezäumt, das »Projekt der beiden atlantischen Revolutionen«, wie es der Historiker Heinrich August Winkler in seinem monumentalen Werk *Geschichte des Westens* genannt hat. Der moderne Westen ist demnach das Ergebnis zweier Revolutionen, der amerikanischen von 1776 und der französischen von 1789. Winkler spricht von einem »normativen Projekt des Westens« und meint damit die Summe der Errungenschaften der politischen Aufklärung am Ende des 18. Jahrhunderts, bestehend aus den unveräußerlichen Menschenrechten, der Idee der Herrschaft des Rechts, der Gewaltenteilung, der repräsentativen Demokratie. Und Winkler betont, diese normativen Prämissen als *Gemeinsamkeiten* des Westens wären uns so selbstverständlich geworden, dass wir sie oft aus den Augen verlören. Ich bin nicht dieser Auffassung. Ich möchte gerne den entgegengesetzten Ansatz versuchen und den Blick auf die *Unterschiede* innerhalb des Westens richten. Denn gerade die wundervolle Offenheit der westlichen Werte gestattet ja eine, wenn Sie so wollen, unterschiedliche Entwicklung von gleicher Basis aus, und meiner Auffassung nach existiert eine fixe und sich tendenziell eher vertiefende *Teilung* des Westens. Übrigens anerkennt auch Winkler diesen Umstand in gewisser Weise, indem er konstatiert: »Die Französische Revolution lief erst auf den Terror, dann auf Napoleon hinaus. Die amerikanische war erfolgreicher.«

Ja, der Westen teilt (mehr oder weniger) die Errungenschaften der politischen Aufklärung, die unveräußerlichen Menschen- und Bürgerrechte, die Prinzipien der Herrschaft des Rechts und der Gewaltenteilung, der repräsentativen Demokratie. Doch die Akzentsetzung innerhalb der Trias »Freiheit, Gleichheit, Brüderlichkeit«, also jener (übrigens nur in Grenzen miteinander vereinbaren) »Ideen von 1789« fällt unterschiedlich aus: Während die Angelsachsen den Akzent auf »Freiheit« legen, wurde in der deutschen Ideengeschichte die »Gleichheit« am wichtigsten, wohingegen die Franzosen »Brüderlichkeit« pflegen, in Sinne einer in Frankreich nach wie vor sehr etablierten Ständegesellschaft, die zwar viel weniger offen auftritt als das englische Klassensystem, aber bei weitem hermetischer ist.

Diese verschiedenen Akzentsetzungen, die auch eine unterschiedliche Auffassung über die Bedeutung und Wichtigkeit des Individuums implizieren, verdichten sich auch in einem jeweils spezifischen Verständnis von »Konservativismus«. Der historische Hauptunterschied zwischen der kontinentaleuropäischen und der angloamerikanischen Ausrichtung des Konservativismus liegt ja gerade in der Bewertung von Staat und Individuum und ihrem Verhältnis zueinander: in der kontinentaleuropäischen Betrachtungsweise steht der Staat im Zentrum konservativen Ordnungsdenkens; er, der Staat, wird als quasi natürlicher Ort politischer Macht und Entscheidung gesehen, von dem aus die Individuen ihre Rollen beziehen. Im angloamerikanischen Verständnis hingegen steht immer und seit jeher das autonome Individuum im Mittelpunkt, der Staat besteht aus Individuen und leitet seine Autorität aus ihren geteilten Werten und Zielen ab. Politik ist die Sphäre des Bürgers, nicht des Staates. Hier wird dem Staat als der Verkörperung einer anonymen, tendenziell freiheitsbeschränkenden Macht grundsätzlich mit Misstrauen begegnet, der Akzent liegt auf individueller Verantwortung und Freiheit. Soziale Sicherheit erscheint als Resultat individueller Autonomie und ist nicht wie im etatistischen Modell als Ergebnis einer kollektiven Anstrengung Ziel von Politik.

Der angelsächsische Konservativismus, dessen Grundzüge beispielsweise Andrew Sullivan in seiner Schrift *The Conservative Soul* herausarbeitet, zeichnet sich vor allem aus durch philosophische Bescheidenheit und praktische Zurückhaltung. Er ist pragmatisch und erfahrungsbezogen und skeptisch gegenüber allen Ansätzen der utopischen Weltverbesserung. Und diese Form des

Konservativismus, die man in Kontinentaleuropa wohl am ehesten mit der dort akut bedrohten Tradition des klassischen Liberalismus identifizieren kann, ist nun das exakte Gegenstück zum Fundamentalismus. Oder, wie Sullivan es ausdrückt: Während es beim Konservativismus um die Akzeptanz der grundlegenden Imperfektion des Daseins geht, dreht sich beim Fundamentalismus alles um die absolute Notwendigkeit von Perfektion jetzt und in alle Ewigkeit. Während der Konservativismus von der grundsätzlichen Fehlbarkeit des Menschen ausgeht, basiert Fundamentalismus auf dem vermeintlichen Faktum einer höheren Wahrheit. Während der Konservativismus bei der Entscheidungsfindung pragmatisch und situationsbezogen vorgeht, richtet sich der Fundamentalismus nach einem allgemein-abstrakten Text. Während es dem Konservativismus um die Bewahrung des Bewährten geht, geht es dem Fundamentalismus um Tabula rasa und radikalen Neuanfang. Während der Konservativismus die Permanenz der menschlichen Natur anerkennt, die tatsächliche, dilemmatische Welt des Nicht-Idealen, richtet sich der Fundamentalismus aus auf einen utopisch-apokalyptischen Zustand, in dem die Natur des Menschen eine radikal andere sein soll.

Der Unterschied in der Würdigung des Individuums zwischen dem angelsächsischen Teil des Westens und dem Rest hat bedeutende Auswirkungen auf die politische Kultur, zum Beispiel für die Kultur der öffentlichen Debatte im Allgemeinen und die Wahrnehmung und Wertschätzung von Humor im Besonderen; vor allem für die Rolle von Ironie als Kulturleistung und Ausdrucksform. Wenn Heinrich August Winkler darauf hinweist, dass etwa in Deutschland manche Denkbestände alle Epochenwenden überlebt haben (Hansjörg Siegenthaler würde hier von der Hartnäckigkeit sogenannter kognitiver Selektoren sprechen), dann heißt das nicht zuletzt, dass der öffentliche Diskurs in Deutschland noch immer geprägt ist von einer tiefen Skepsis gegenüber dem eleganten Florettstoß des Witzes, gegenüber jeder Form von Leichtigkeit und spielerischen Rhethorik einerseits – und einer Neigung zur Radikalisierung im Krieg der Worte andererseits. Der Publizist Jakob Augstein redet angesichts der Euro-Krise von »kapitalistischem Terror«, die Kommunistin Sahra Wagenknecht von einer »Diktatur der Finanzmärkte«. Das ist absurd und lächerlich. Terror und Diktatur sehen anders aus, wie man in Deutschland wissen sollte.

Die politischen Diskurse im deutschsprachigen Raum drehen sich oft um vermeintliche Tabus und Denkverbote. Doch das Problem liegt vielmehr in der Humorlosigkeit der Auseinandersetzung. Tatsächlich ist es ein spezifisches Verständnis von »Humor«, das die öffentliche Diskurse in Deutschland erschwert. Humor wird in Deutschland – und tendenziell im deutschsprachigen Raum überhaupt – vor allem materiell, also inhaltlich verstanden, er gilt als Beruf, als ein Fach; nicht als Haltung, nicht als Form des Auftritts und Ausdrucks, wie in der angelsächsischen Sphäre. Dort nämlich bedeutet Humor vor allem Distanz, also Gelassenheit in allen Sparten, auch der politischen; Besonnenheit in Form des ironischen Abstands zum Leben und zu den Dingen – und vor allem zu sich selbst. Humor in dieser Form ist eine Eigenschaft, die Persönlichkeiten ausmacht, und nach Persönlichkeiten auf dem Feld der Politik gibt es allenthalben eine Sehnsucht. Das ist unter anderem ein Grund dafür, dass Margaret Thatcher in England wieder in Mode ist, Urheberin des Ausspruchs: »I am extraordinarily patient, provided I get my own way in the end.« Eine derartige Äußerung würde im konfliktscheuen Deutschland vermutlich als Rücktrittsgrund durchgehen, jedenfalls ihren Urheber politisch desavouieren. Humor als Haltung lebt von der Differenz, er setzt Provokation und Unterschiede voraus – doch in der heutigen Bundesrepublik mit ihrer obsessiven Fixierung auf Verteilungsfragen und vermeintlich gleichmachende Gerechtigkeiten pflegt man wie gesagt ein anderes Humorverständnis, nämlich das von Humor als Profession und Disziplin. Das führt dazu, dass »Komik« ein hermetischer Bereich wird, wo schmerbäuchige Verlierertypen offenbar Stadien füllen. Oder homophobe Bonanzarad-Trottel oder grinsende schwule Backpfeifengesichter paradoxe Trophäen wie den »deutschen Comedy-Preis« kassieren. Und den vermeintlich gehobenen Anspruch bedienen Kolloquien und Kabarettisten, die spätabends auf *3sat* ihre entbehrlichen Privatmeinungen und Erlebnisse beim Ikea-Einkauf als Pointen anbieten. Und selbstverständlich Loriot. Die Deutschen lieben Loriot, ungefähr so wie sie Helmut Schmidt lieben, den sie früher nicht sehr mochten, ungefähr so wie sie heute Gerhard Schröder nicht sehr mögen, dessen Wirtschaftspolitik (viel besser als die von Schmidt) es maßgeblich zu verdanken ist, dass Deutschland einigermaßen glimpflich durch die Euro-Krise kam. Loriot war so bis Ende der Siebzigerjahre des letzten Jahrhunderts in der Tat manchmal ganz lustig, denn da war er unkonventionell. So gelang ihm das Kunststück jedes guten Komikers: Er wurde von den Leuten goutiert, über die er sich amüsierte. Das schien ein sicherer Deal zu sein, und vielleicht deshalb passierte Folgendes: Er blieb stehen. Stillstand aber ist der Tod der

Komik. Und so wurde Loriot ziemlich belanglos und redundant und vor allem wurde er das, was er vorher ironisiert hatte: ziemlich deutsch. Seine Kinofilme sind langweilig und bieder wie eine Sparkassenfiliale im Sauerland. Außerhalb des deutschen Sprachraums interessiert das keinen Menschen.

Deutschland, die Heimat so universal ansprechender Ironiker wie Kerr und Kästner, Heine, Fontane und Thomas Mann, verliert seine Fähigkeit zur Ironie. Warum ist das so? Zunächst sind daran die Nazis Schuld. Mal wieder. Die Nazis haben die Tradition der ironischen Gesellschaftsliteratur zerstört, weil sie wussten, dass Ironie eine Todfeindin des Totalitarismus ist. Und von diesen Verheerungen hat sich die deutsche Kultur bis heute nicht erholt. Nicht zuletzt weil der Hort der Sprache, die Literatur, im deutschsprachigen Raum großteils noch immer von einem miesepetrigen Betrieb verwaltet wird, der seit 1945 und bis heute reflexartig jede Form von Humor beargwöhnt. Dass für die Vertreter der deutschsprachigen feuilletonistischen Mittelklasse Humor mit Literatur schlechterdings unvereinbar ist, hängt zusammen mit einem Kunstverständnis, welches noch aus der Romantik herrührt – beziehungsweise aus jenem verunglückten Strang der Romantik, der nichts von der Autonomie des Kunstwerkes hält, sondern Kunst allübergreifend engagiert und gesellschaftlich belangvoll haben möchte und das heißt natürlich auch: entsublimiert und möglichst humorfrei.

Und andererseits wird Ironie im politisch korrekten deutschen Sprachraum heute auch deshalb beargwöhnt, weil ihr in der Tat ein konservatives Element eingeschrieben ist. In den (ihrerseits ironischen) Worten von Thomas Mann: Ironie ist niemals fortschrittlich. Womit er meinte:

Sie schreitet nicht voran, ohne sich umzudrehen, sie ist leiser, bedächtiger, sie versucht, im Unernst das Gute zu bewahren, und weiß doch, dass dem Fortschritt die Zukunft gehört. Ebendies postulierte Thomas Mann in seinen 1918 erschienenen *Betrachtungen eines Unpolitischen*, einem leicht monströsen Essay, worinnen der Dichter den ironischen Konservativen mit dem doktrinären Zivilisationsliteraten kontrastiert. Letzterer wolle den Fortschritt mit Peitsche und Sporn vorantreiben. Und auch heute noch scheint Deutschland ein Landstrich zu sein, wo politisierende Schriftsteller und moralisierende Wutbürger ihr Geschäft mit Peitsche und Sporn betreiben.

Ironie hingegen ist mit jeder literarischen Gattung verträglich, in der Tat ist ihr immer auch etwas Tragisches eingeschrieben, eine gewisse Melancholie. Ironie ist die Tugend des Sokrates, zweideutig wie alle Tugenden, in der sich Literatur und Philosophie verbinden. Ironie selbst hat eine liberale Qualität, denn sie ist die Mittlerin zwischen den Sphären des Lebens und des Geistes. Ironie hat immer auch gewirkt als Korrektur von Fehlhaltungen der europäischen Rationalitätskultur, denn sie unterstellt einen Gang der Dinge, der, wenn man so will, metaphysisch inspiriert ist, der von Vorbild und Mythos lebt, gegen einen radikalen Konstruktivismus, der supponiert, dass Wirklichkeit nur durch individuelle grammatische Entscheidungen und kollektive Verabredungen hergestellt werde.

Ironie ist die höchste Freiheit des Gedankens. Das mag sich zunächst beinahe frivol anhören. Aber ich meine echte Ironie, Ironie nicht als modebewusstes Zitat, sondern als Geisteshaltung, als Haltung der skeptischen Reserve und nüchternen Distanz, vor allem zu sich selbst. Als Fundament der abgeklärten Seelenruhe und des kritischen Pragmatismus ist Ironie eben in der Tat die natürliche Feindin des Fundamentalismus. Wie der englisch-amerikanische Autor Christopher Hitchens feststellte: »The literal mind does not understand the ironic mind and sees it always as a source of danger.« Der Verstand ist immer unironisch; Ironie gehört in die Sphäre des *Geistes*. Es ist auf geistigem Gebiete nahezu kein größerer Widerspruch denkbar als zwischen Ironikern und ihren Antagonisten, den Buchstabengetreuen, wörtlich Denkenden. Und wenn manch schneidiger Zukunftsforscher behauptet, der entscheidende Produktions- und Wettbewerbsfaktor für die postindustriellen westlichen Informationsgesellschaften hieße Kreativität, dann kann ich nur sagen: knapp daneben! Der Faktor heißt Ironie. Aber die geht naturgemäß auch vielen Zukunftsforschern ab. Es ist mir vollkommen Wurst, wie das neuronale Korrelat der ironischen Begabung aussieht; ich muss es nicht kennen, um zu wissen, dass darinnen die Zukunft und Rettung besteht. Das soll übrigens nicht heißen, dass humor- und ironiebegabte Politiker per se konservativ sind oder sein müssen. Sondern nur, dass man, wenn man schon von neuer souveräner Bürgerlichkeit spricht, tatsächlich vielleicht einmal die bürgerliche Tugend der ironischen Gelassenheit versuchsweise wiederbeleben sollte. Das wäre viel mehr als lediglich eine literarische Revolution. Das wäre ein Umdenken in allen gesellschaftlichen Bereichen. Gegen Humor als Beruf und gegen die Humorfreiheit als öffentliche Übereinkunft. Aber das ist Arbeit. Schließlich gilt auch hier das Diktum der eisernen Tochter eines Lebensmittelhändlers aus Grantham: *Nothing is more obstinate than a fashionable consensus.*

§ 10 Die Schweiz und England: Splendide Isolation

Wir haben festgestellt: Die Permanenz der menschlichen Natur ist eine konservative Annahme. Für den Konservativen gibt es zunächst einmal bloß das Leben, wie es sich darstellt – als eine fortlaufende Erzählung gewissermaßen, eine Geschichte, die, wie eine Konversation, kein vorbestimmtes Ende und keine ultimative Wahrheit kennt. Und für mich liegt in dieser nüchternen, pragmatischen Sicht der Dinge, in deren Zentrum das autonome Individuum steht, die größte Hoffnung, ich halte sie sogar für die einzig kohärente politische Option für die Zukunft der freien Welt. Und in diesem Zusammenhang finde ich es besonders interessant, meine Damen und Herren, einmal auf die Schweiz zu schauen, mein Heimatland, denn die Schweiz ist im Grunde, ihrer Geschichte und ihrer Ausrichtung nach, viel stärker mit Blick auf das autonome Individuum errichtet und entwickelt worden als im Hinblick auf ein paternalistisches und zentralistisches Staatswesen. Nicht zuletzt darin unterscheidet sie sich bis heute zum Beispiel scharf von ihren größeren Nachbarn Deutschland und Frankreich, und deshalb wird sie gerade von diesen oft missverstanden oder gar nicht verstanden, weil nämlich die beträchtlichen kulturellen Barrieren aufgrund einer vermeintlich fehlenden Sprachbarriere fälschlicherweise für gering gehalten werden.

Die Schweiz hat a priori in ihrer Eigenart und Skepsis viel mehr mit dem angelsächsischen Modell der Geschichts- und Zukunftsbetrachtung gemein als mit dem kontinentaleuropäischen; sie ist das Land auf dem Kontinent, in dem die Freiheit des Einzelnen am stärksten ausgebaut ist, und wenn zum Beispiel das Vereinigte Königreich und die Schweiz aufgrund ihrer eigenwilligen Stellung in Europa auch gelegentlich verglichen werden, so wird doch selten bis gar nicht die Verwandtschaft angesprochen, die hinter diesem Phänomen steht: das Vertrauen auf das Individuum als Träger der Freiheit, zu dem auch das Vertrauen auf den Markt als dem freiesten Zuteilungsmechanismus für Ressourcen gehört. Die britische Zeitung *The Guardian* hat immerhin den Begriff der »splendid isolation«, der im Zusammenhang mit dem Vereinigten Königreich gerne genannt wird, in einem Artikel über das Nichtbeitreten Englands zur geplanten Europäischen Fiskalunion aufgenommen und eine Parallele zur Schweiz gezogen: »[William] Hague may not be crowing because he's got what he always wanted and Lady Thatcher would want too if she's still watching TV: a free-trade relationship with Europe, a bit like Switzerland.«

Es gibt keinen freien Markt ohne freie Individuen, und Marktvertrauen gehört zur Tradition des angelsächsischen Kulturraums ebenso wie zur Tradition der Schweiz als vielgestaltiger Willensnation, die die zusammenhaltende Kraft des Marktes auch als Kommunikations- und Verständigungsmechanismus erlebte und erlebt. Dieses Marktvertrauen geht einher mit einer Pflege privater Wirtschaftsformen und -freiheiten und dem hohen Stellenwert von individueller Mobilität. Und aufgrund dieser Traditionen können gerade von der Schweiz wichtige Impulse für einen neuen europäischen Liberalismus ausgehen, für einen neuen marktbasierten Konsensus. Wir brauchen wieder Vertrauen und Zuneigung zum Markt. Der Markt ist kein Monster, ich sagte es schon. Er ist unser Freund. Wir verdanken ihm viel, und wir sollten pfleglicher mit ihm umgehen. Der Markt ist immer noch derjenige Zuteilungsmechanismus für Ressourcen, der dem Einzelnen die größtmögliche Freiheit und Entfaltung garantiert; getreu dem Diktum Oswald von Nell-Breunings: Die moralischste Wirtschaftsordnung ist diejenige, die mit dem geringsten Anspruch an die Moral des Einzelnen auskommt. Der Markt ist, wie Friedrich von Hayek gesagt hat, ein Entdeckungsverfahren, das System der Ressourcenallokation mit der höchsten Effizienz und Dynamik, genau wie die neoklassische Wirtschaftstheorie diejenige Disziplin ist, die menschliches Verhalten mit einem Minimum an ideologischer Untermauerung erklären kann. Der Markt ist grundsätzlich selbstregulierend, trägt allerdings unter bestimmten Voraussetzungen eine Tendenz zum Versagen in sich (wie wir alle), und diesfalls werden Regeln benötigt, wie sie beispielsweise das Gesellschaftsmodell des Ordoliberalismus ja vorsieht. Dieses Modell ist nicht wertneutral; es weist dem Staat klare Grenzen zu und schätzt die Autonomie des Einzelnen. So entstand jene politische Kultur, wie sie der Westen hervorgebracht hat: ein auf Realismus, praktischer Klugheit und Weltläufigkeit gründender politischer Humanismus (im angelsächsischen Raum würde man sagen: Konservatismus).

Dieser liberale Konservatismus – oder, vielleicht noch besser: konservative Liberalismus – basiert auf der Einsicht in die Unzulänglichkeit der menschlichen Vernunft. Er schätzt die konkrete Anschauung und aus der Geschichte gewonnene Erfahrung im Unterschied zum Primat einer bloß theoretischen Systematik, die Vielfalt des historisch Gewachsenen in der Gesellschaft im Unterschied zur abstrakt-uniformen Pseudo-Freiheit für alle. Er konzipiert Autorität mit Rücksicht auf die natürliche Ungleichheit der Menschen und anerkennt im Gegensatz zum egalitären Denken die Einheit von bürgerlicher Freiheit und Privateigentum. In diesem Sinne könnte es auch überhaupt nicht schaden, wenn die ideologisierten Neukonservativen sich zurückbesönnen auf klassische Denker des Konservativismus wie Burke und Hayek, von denen sie lernen können, dass die Welt komplex ist und jede Politik als Versuch der Weltänderungen stets auch unbeabsichtigte Konsequenzen hat, die meisten davon unerwünscht. Und dass der Staat keine Tugendanstalt sein kann. Sein *darf*.

Apropos Tugend: Die Wichtigkeit des Zweifels als konservativer Tugend bedeutet nicht, dass man auf Prinzipien oder Überzeugungen oder Optimismus verzichten müsste, im Gegenteil, die Betonung liberaler Werte gerade gegen neo-autoritäre Gesellschaftsentwürfe *entspringt* aus Prinzipien. Sie entspringt einer nüchtern-pragmatischen Weltsicht, in der sich eine leise Melancholie mit der Liebe zu jener existenziellen Komik verbindet, die in der Permanenz des Menschlichen liegt, und für diese Haltung gibt es ein Wort: Ironie. Ein ironischer Liberalismus ist das einzige Mittel gegen die Ungleichzeitigkeit von Technik und Moral. Es ist dies nicht zuletzt jene Ironie der Reserve, von *politeness and moderation*, diesen sehr kardinalen englischen Tugenden, den Qualitäten der *Stiff Upper Lip*, womit das Leitbild eines viktorianischen Stoizismus bezeichnet wird, der angesichts von Widrigkeiten und Unwägbarkeiten eine gewisse Unerschütterlichkeit bewahrt: eine Stärke, in der nichts Martialisches liegt, sondern reine Zivilisiertheit. Diese Stärke wird manchmal mit Repression, Verdrängung, Gefühlsabtötung verwechselt, doch das ist sie nicht; sie ist, vielmehr: Bescheidenheit, Understatement, Ernsthaftigkeit – und zugleich: die ironische Akzeptanz und Bejahung jener Absurdität, die das Menschsein bedeuten kann.

Die klassische Vorstellung der Stoiker, dass wir einen bestimmten Platz in der Ordnung der Welt einnehmen, den wir auf bestmögliche Weise auszufüllen aufgerufen sind, ist ein zutiefst ironisches Konzept. Denn es geht ja um nichts anderes als um die Vermittlung zwischen den Sphären des Lebens und des Geistes, zwischen Bestimmung und Gestaltung – und um die resultierende konservative Tugend der Gelassenheit. Gelassenheit ist kein Loslassen, kein passives Erdulden, sondern eine Form der Tüchtigkeit und Lebenstüchtigkeit, die Bejahung der Schicksalsvorgaben *und* des individuellen Freiheitsanspruchs. Nur so kann der Mensch sich treu und doch flexibel bleiben in der ewigen Spannung zwischen der Hegelschen Anerkennung durch die anderen und dem eigenen Identitätsanspruch; die Ironie bewahrt ihm die Freiheit zur Selbstkritikfähigkeit einerseits und zur Konsequenz auch gegen Widerstände andererseits. Es geht nicht um asketische Selbstüberwindung oder meditative Versenkung oder esoterische Ekstase; es geht auch nicht um selektiven Konsum oder um anständiges Essen – nein, es geht um das, was der römische Philosoph Seneca, einer der berühmtesten Vertreter der Denkschule der Stoiker, die Harmonie der Seele nannte, den Frieden mit der kosmischen Ordnung.

Diese Form des Glücks ist geistig und doch aufs Leben bezogen, sie ist der Gegenpol zu einer Kultur der Hyperaktivität, in der viel zu viele Leute nicht wirklich, sondern bloß virtuell aktiv sind. Wir müssen uns darin üben, immer wieder einen Schritt zurückzutreten. Wir müssen eine ironische, besonnene Distanz zu uns selbst entwickeln und zu den Dingen und Menschen. Nur so können wir uns lösen von vermeintlichen Zwängen und Automatismen des Denkens und Handelns. Die essenziell gegen die Französische Revolution und gegen Napoleon ausgebildete angelsächsische Tugend der Stiff Upper Lip, deren mentale Versatzstücke und kognitive Selektoren auch heute noch ein grundlegend englisches Verhaltensmuster repräsentieren, – ist eine konservative Haltung der Welt gegenüber. Ihre Gelassenheit und maßvolle Gleichmut sind nicht kaltherzig und gefühllos; es geht nicht um Stumpfheit und Teilnahmslosigkeit, sondern um Souveränität und Authentizität, wie in den beiden bekanntesten dichterischen Evokationen der Stiff Upper Lip: dem Poem *If—* von Rudyard Kipling und W. E. Henleys Gedicht *Invictus,* Testamente des konservativen Geistes, Dokumente menschlicher Hoffnung und Monumente der Unbeugsamkeit im Streben nach Autonomie:

I am the master of my fate:
I am the captain of my soul.

Das ist das Credo des Liberalismus. Und zum Glück hat es immer Zeitgenossen gegeben, die wussten, dass Autonomie ohne Ironie nicht auszuhalten ist. Jene Ironie, die einen ihrer unerreichten Meister, den Dichter Thomas Mann, einen zutiefst konservativen Menschen, feststellen ließ: »Konservativ? Natürlich bin ich es nicht; denn wollte ich es meinungsweise sein, so wäre ich es immer noch nicht meiner Natur nach, die schließlich das ist, was wirkt.«

Bibliografie

Susan Cain: *Quiet: The Power of Introverts in a World that Can't Stop Talking*
Axel Honneth: *Das Recht der Freiheit*
Christian Lander: *Stuff White People Like*
Thomas Mann: *Betrachtungen eines Unpolitischen*
Catherine Mayer: *Amortality: The Pleasures and Perils of Living Agelessly*
Thomas Rietzschel: *Die Stunde der Dilettanten*
Hartmut Rosa: *Weltbeziehungen im Zeitalter der Beschleunigung*
Richard Sennett: *The Culture of the New Capitalism*
ders.: *Together: The Rituals, Pleasures and Politics of Cooperation*
Lee Siegel: *Are You Serious?*
Hansjörg Siegenthaler: *Regelvertrauen, Prosperität und Krisen. Die Ungleichmäßigkeit wirtschaftlicher und sozialer Entwicklung als Ergebnis individuellen Handelns und sozialen Lernens*
ders. (Hrsg.): *Rationalität im Prozess kultureller Evolution. Rationalitätsunterstellungen als eine Bedingung der Möglichkeit substantieller Rationalität des Handelns*
Andrew Sullivan: *The Conservative Soul*
Sherry Turkle: *Alone Together: Why We Expect More from Technology and Less from Each Other*
Wolfgang Ullrich: *Habenwollen: Wie funktioniert die Konsumkultur?*
ders.: *Wohlstandsphänomene. Eine Beispielsammlung*
Heinrich August Winkler: *Geschichte des Westens*

Die vorliegende Schrift entstand unter teilweiser Verwendung von Gedanken und Passagen aus Ansprachen und Beiträgen des Autors zur Tagung »Sharing Knowledge« am Gottlieb Duttweiler Institute, am Ittinger Management Panel, für das Magazin *Fivetonine* des *Handelsblatts*, das *Hamburger Abendblatt*, das *Sonntagsblick Magazin*, die *NZZ am Sonntag*, *Die Weltwoche*, *Business Punk* u. a.

Druck und Bindung: Kösel GmbH, Krugzell
ISBN 978-3-0369-5658-9
auch als eBook erhältlich

www.keinundaber.ch